Heinrich R. Hrdlicka

DER WEG ÜBER DIE GRENZEN

Heinrich R. Hrdlicka

DER WEG ÜBER DIE GRENZEN

Verlag „Die Silberschnur“ GmbH

ISBN 3-923781-35-0

2. Auflage 1994
Coverillustration: nach einem vom Autor bemalten Seidentuch
Printed in Czech Republic

Verlag „Die Silberschnur“ GmbH
D-56564 NEUWIED, Heddesdorfer Straße 7

INHALT

VORWORT

Dieses ÜBER DIE GRENZEN soll eine Richtung andeuten und vor allem eine Bewegung. Be-Wegung ist so wichtig. Dieses Fürmöglichhalten und dadurch auch Anstreben.

In dem Wort Bewegung ist der Weg enthalten, aber auch die Woge, die Welle, die Schwingung. Das zeigt uns das persönliche Berührtsein.

Und es geht hier um IHR persönliches Schicksal, IHR persönliches Verstehen, Erkennen und daraus IHR persönliches Gut- und Wohlfühlen.

In diesem ganzen Leben geht es NUR um SIE.

Nur um mich?

Ja, ich lese Ihre Gedanken, wie: „Egoismus, pfui Teufel, tut man nicht, schlechter Mensch, etc.“. Aber bedenken Sie eines: **Gerade aus Ihrer Verantwortung für den anderen heraus ist es Ihre erste Pflicht, selbst gut zu sein - gut im Sinne einer Qualität.**

Denn nur von sich, von Ihrer Qualität, können Sie geben.

Zeigt sich so der Zusammenhang?

Deshalb, um anderen die Möglichkeit des Unmöglichen zu zeigen, müssen wir diesen Weg zuerst beschritten haben.

Ich darf Sie einladen, bevor wir beginnen, mit den hier verwendeten Begriffen Bekanntschaft zu schließen.

BEGRIFFE UND IHRE BEDEUTUNG

GEDANKEN: Richtungsbestimmende Energiequalitäten.

GEFÜHLE/ÄNGSTE/ERWARTUNGEN: Energiequalitäten mit Verwirklichungstendenz.

ENGEL: Zu Eurer Vorstellungserleichterung: personifizierte Energiequalitäten.

WUNDER: Ereignisse jenseits der Grenzen Eurer intellektuell begründeten Vorstellungsmöglichkeit (vulgo: Schulweisheit).

STRAFE: Eine in ihrer Intensität bis oder auch über die Schmerzgrenze gesteigerte Information. Wird von Euch als „Strafe“ empfunden, wäre durch frühzeitiges Erkennen vermeidbar gewesen.

ENT-TÄUSCHUNG: Eine von Euch gehabte Täuschung geht weg, und Ihr erkennt die Wahrheit.

WIR/WE: Hilfreiche Energiequalitäten, jede Personifizierung möglich, da im Grunde bedeutungslos.

ICH: Der Autor hinter dem Autor – siehe bei WIR.

MEIN FREUND: Ausdruck der Verbundenheit, geschlechtsunspezifisch.

KOSMISCHES GESETZ: Gilt unter allen Umständen, in allen Bereichen und Dimensionen.

DRÜBEN: Eine reine Frage des eigenen Standpunktes, für uns anders als für Euch.

LIEBE: Höchste Energiequalität, Verwendung dieses Begriffes aus Ermangelung eines besseren.

SEIN REICH: Energetischer Zustand, siehe Liebe.

LEID: Irrtümliche Informationsauffassung.

TOD: Übergang von hier nach drüben, bzw. auch umgekehrt.

GEBURT: Siehe Tod.

SITUATIONEN UND SYMBOLE: Unsere Sprache für Euch.

GLÜCK:

a) Aus Eurer Sicht: wenn es nichts zu lernen gibt.

b) Auch aus Eurer Sicht, aber bereits etwas reifer: wenn Ihr Euer Lernprogramm erkannt habt und mit Anstand absolviert.

c) Aus unserer Sicht: die Einheit mit seiner Liebe.

SCHICKSAL: Euer von Euch zusammengestelltes Lernprogramm – maßgeschneidert.

GRUNDLAGEN

Bevor wir gemeinsam diesen Weg beschreiten, darf ich Sie bitten, sich nochmals die Grundlagen vor Augen zu führen.

Wir sprachen im ersten Teil, **ARS VIVENDI – ein Gedankengang zu einem glücklicheren Leben –,** davon.

Diese Grundlagen sind einfach die logisch-intellektuelle Voraussetzung dafür, zu lernen, diese Dinge für möglich zu halten.

Jedes Flugzeug startet vom Boden (der Tatsachen), um sich dann in die Lüfte zu heben.

Das Argument: „Was schwerer als Luft ist, kann (daher) nicht fliegen“ haben ja seit urdenklichen Zeiten alle fliegenden Kreaturen widerlegt. Doch auch diese haben sich dazu entwickelt.

Schon wieder so ein Zauberwort, dieses ENT-Wickeln. Das heißt doch so etwas wie: den Kern freilegen, und zeigt auch gleichzeitig eine erforderliche Zeitdauer für diesen Prozeß.

Sprechen wir über diesen Kern.

Im Kern sind wir selbst.

Fragezeichen in Ihrem Gemüt?

Ja, einmal betrachten wir „das Selbst“ klein geschrieben, und ein anderes Mal betrachten wir es groß geschrieben. Das ist das Geheimnis.

Sehen wir uns als etwas Kleines (Getrenntes) oder als etwas Großes – oder zumindest Teil eines Großen?

Und genauso fühlen wir uns, und unter genau diesem Aspekt erleben wir die Situationen unseres Lebens.

Die zu erarbeitende Grundlage ist die, zu dieser Einsicht zu kommen: Ich bin etwas Großes, oder zumindest

Ich bin Teil von etwas Großem.

WORIN LIEGT DER UNTERSCHIED?

Darf ich vordergründig primitiv antworten: beides probiert, kein Vergleich.

Wenn Ihnen dieses andere Gefühl noch fehlt – und das nehme ich an, da Sie meine Zeilen lesen –, genau zu diesem Gefühl „ohnegleichen“ möchte ich Sie hinführen.

Auch dieses Hinführen ist ein vielschichtiges Wort. Um geführt zu werden, muß man selber gehen, und bereit sein, sich führen zu lassen.

Doch nur wann sind Sie bereit, sich führen zu lassen?

Klar, nur wenn Sie Vertrauen haben. Und wann haben Sie Vertrauen? Nur dann, wenn Sie überzeugt sind, daß man es gut mit Ihnen meint.

Sind Sie überzeugt, daß das Leben es gut mit Ihnen meint?

Eine schier unüberwindliche Kluft tut sich hier auf. Wir alle, und ich schließe mich hier gerne ein, haben doch Angst vor dem Leben (gehabt). Eine tiefsitzende Unsicherheit, ob das oder jenes wirklich gut gehen wird, ob wir nicht wieder enttäuscht werden, nicht schon wieder Leid erfahren werden.

Schauen wir uns diese Problematik etwas näher an.

Was heißt gut?

Gut ist für mich, wenn man zu mir nett ist, wenn man mich fördert, mich unterstützt, mich bestätigt.

Aber was tut das Leben? Es bereitet mir Schwierigkeiten, es enttäuscht mich, es fügt mir Leid und Schmerzen zu. Eine unüberwindliche Kluft!?

Wo ist hier der Standpunkt, der uns Klarheit verschafft? Sie erinnern sich: Von verschiedenen Standpunkten aus betrachtet, sehen die Dinge völlig unterschiedlich aus. Egal ob Sie hier primär an materiell existierende Dinge oder an Situationen denken.

Kleine Nachfühlpause, um sich hier, das eine oder andere Beispiel zu vergegenwärtigen.

Sehen Sie, es ist wichtig, daß Sie nicht über diese Zeilen hinweglesen, sondern möglichst tief in ein Miterleben sich einfühlen.

Nur so kann ich Ihnen das vermitteln, worum es hier geht.

Um Sie zu führen, brauche ich Ihre Bereitschaft, Ihre aktive Mitarbeit.

Danke.

Der Unterschied liegt also in dem, was ich, unter gewissen Umständen, für gut empfinde.

Haben Sie es als Kind immer für gut empfunden, in die Schule zu gehen, für eine Prüfung zu lernen, Fertigkeiten, zum Beispiel in der sportlichen Betätigung, immer wieder zu üben?

Aber nach einer Prüfung war es ein gutes Gefühl, bestanden zu haben, es war das Erreichen einer Etappe auf Ihrem Weg.

Auf Ihrem Weg zum Erreichen eines Zieles. Also können wir sagen, es war gut im Sinne, ein Ziel zu erreichen.

Das ist etwa so, wenn Sie ins Kino gehen und sich einen Film anschauen. Dramatische Schwierigkeiten, Konflikte und Verwirrungen führen schließlich zu dem heißersehnten Happy End. Die beiden Liebenden versinken in einem tiefen, unerschöpflichen Kuß. Welch schönes Symbol einer Vereinigung.

Wie Sie sehen, sind auch wir für diese Schwingungen der Harmonie und des Eins-seins sehr empfänglich.

In dieser Stimmung können wir Ihnen sehr nahe kommen, und Sie fühlen sich dadurch außerirdisch, nahezu himmlisch.

Verzeihen Sie das Abschweifen in eigener Sache. Zu all diesen Dingen kommen wir noch etwas später.

Also „gut" steht immer im Zusammenhang mit einem Ziel, das ich erreichen möchte.

Je nachdem wie mein Ziel aussieht, ist eine Sache gut dafür oder auch nicht.

Voraussetzung dafür ist natürlich, daß ich ein Ziel habe.

Was ist Ihr Ziel in diesem Leben?

Pardon, jetzt hatte ich fast den Eindruck, daß Sie mich fragen, ob Sie denn überhaupt ein Ziel brauchen?

Naja, Sie merken meine Verlegenheit – was soll ich aus meiner Sicht antworten als: No na.

Ich darf doch mit Ihrem Einverständnis rechnen, selbst diese unendlich bedeutungsvollen Dinge in eine etwas lockere, gelegentlich sogar bewußt banale Form zu bringen? Sehen Sie, hochgeistig, tiefschürfend, philosophisch, mystisch geheimnisvoll verbrämt, werden sie seit Hunderten von Jahren dargeboten.

Und was hat es genützt?

Gott (was immer Sie darunter verstehen mögen) liebt Sie und möchte Ihnen bestmöglichst helfen, Ihren Weg zurück in sein Reich zu finden.

Sein Reich kann nur kommen, wenn Sie dafür offen sind und die ersten Schritte von sich aus in diese Richtung tun.

Und die Richtung ist, zu erkennen, zumindest anfangs einmal bereit zu sein, es für nicht unmöglich zu halten, daß Gott, das Leben, das Universum, Sie liebt.

Aber, wie kann ich glauben, daß er mich liebt, wenn ...

Standpunkt!

Ziel!

Haben Sie nie als Vater, Mutter, älterer Bruder, Schwester, Vorgesetzter, Verantwortlicher, Lehrer etc. jemanden, der dabei war, einen Fehler, eine Abweichung zu begehen, belehrt, ermahnt und notfalls bestraft? Ich betone hier notfalls, wenn es wirklich nicht mehr anders ging, und sehe „Strafe" hier und überhaupt als eine in der Intensität gesteigerte Ermahnung bzw. Warnung.

Keimt ein sanftes Erkennen in Ihnen? Pflegen Sie diesen Keim liebevoll. Er tut Ihnen sehr gut.

SEIN REICH

Sprechen wir vom Ziel. Nichts ist wichtiger, als zu erkennen, warum man etwas tut. Wenn es dafür steht, oder wenn wir zumindest glauben, daß es dafür steht, sind wir bereit, die größten Unannehmlichkeiten, die größten Schwierigkeiten auf uns zu nehmen.

Denken Sie nur daran, was Leute bereit sind, für Geld, Macht, Einfluß und Prestige zu tun. Wir müssen hier gar nicht so weit wie an Mord wegen Macht und Einfluß oder an Selbstmord, bewußt oder unbewußt durch Arbeit, denken. Es genügt, an den ganzen Krampf des täglichen Überlebenskampfes zu denken.

Wofür? Nur um irgendwann einmal, und wenn es am Sterbebett ist, zu erkennen, daß es nicht dafür stand.

Daß wir das, was wir für uns oder unsere Lieben wünschten, nicht erreicht haben. Vielleicht sogar das genaue Gegenteil.

Was wünschen wir eigentlich? Materielle Güter, Macht, Einfluß, Wohlergehen, ... Sie können hier an konkreten Dingen einsetzen, was immer Sie wollen, das schöne Haus, die Villa, das Schloß, das Superauto, die Traumreise(n), den idealen Partner – an welches Ideal Sie auch immer denken mögen, Geld, viel Geld, Kostbarkeiten wie Juwelen, Antiquitäten, mir fällt hier nichts mehr ein, es ist alles schon zu lange her.

Haben wir das eine oder andere sogar erreicht, – Sie wissen, Wünsche haben die Tendenz, sich zu verwirklichen –, so sind wir dennoch nach kürzester Zeit schon wieder unbefriedigt.

Sicher, das Erreichen dieser Ziele brachte oder bringt für

kurze Zeit ein Gefühl des Erfolges. Hat man es dann, fehlt eigentlich das ‚Warum man es haben wollte'.

Unsere Vorstellung war doch, vereinfacht ausgedrückt: Erreiche ich dieses Ziel, so werde ich glücklich sein. Durch den Erwerb einer Sache, durch einen äußeren Umstand oder durch eine Veränderung eines äußeren Umstandes erwarteten wir eine Veränderung, eine Verbesserung unserer inneren Umstände. Verzeihen Sie, daß ich in diesem Beispiel Ihr kostbares und kompliziertes Seelen- und Gefühlsleben so einfach als inneren Umstand bezeichne.

Aber wir haben uns ja darauf geeinigt, die Dinge, im Sinne der praktischen Anwendbarkeit, so simpel wie möglich zu benennen.

Danke.

Worum geht es uns also? Ganz einfach darum: glücklich zu sein!

Wenn Sie glücklich sind, haben Sie keine Wünsche mehr. Solange Sie noch Wünsche haben, sind Sie nicht (ganz) glücklich. Sagt man nicht „wunschlos glücklich", und ist es nicht genau das, was Sie und ich erreichen wollen? Sie werden staunen, auch ich habe noch Wünsche, allerdings sind die etwas anderer Art als die Euren. Logisch. Das hier ist eine gute Stelle, um Ihnen davon einen kleinen Eindruck zu vermitteln.

Wenn es die Situation erlaubt, schließen Sie die Augen und atmen Sie ganz behutsam tief ein. Fühlen Sie, wie Sie binnen kürzester Zeit ruhiger und ruhiger werden. Öffnen Sie sich jetzt dem Licht, das sich Ihnen in eben diesen Augenblicken nähert – und Sie berührt.

Das war's. Ich habe Ihnen nur sozusagen: „Hallo" gesagt und „Nett, Sie zu treffen". Verstehen Sie nun, warum es so gut wie sinnlos ist, dieses Buch nur zu lesen? Sie müssen es erleben, erfühlen, einfach offen sein dafür. Einer, der bei Euch war, um Euch zu lehren, hat gesagt: „Klopfet an, und es wird Euch aufgetan werden". Wie recht er hatte und noch immer hat. Es ist ein kosmisches (= allgemeingültiges) Gesetz. Eure Wünsche = Glaube, Hoffnung, Erwartungen (leider auch Befürchtungen und Ängste) erfüllen sich. Resonanzgesetz, Affinität, eingestellte Programmempfangsbereitschaft bei Radio und Fernsehapparat.

Können Sie sich vorstellen, daß SEIN REICH dieses wunschlose Glück beinhaltet?!

Was wünschen Sie sich (somit) eigentlich? Wären Sie jemals bei all den vordergründigen Wünschen auf diese Idee gekommen? Dennoch ist dieser Gedanke gar nicht so absonderlich, wie er auf den ersten Blick erscheinen mag.

Definieren wir Sein Reich einmal von dem Standpunkt, den wir (und ich jetzt mit Ihnen) momentan einnehmen.

Total simplifiziert und für das augenblickliche Verständnis genügt: wunschloses Glück. Merken Sie die Schwierigkeit, die wir haben? „Wir" jetzt im Sinne von Sie und ich, wir gehören total verschiedenen Welten an, die sich zwar in gewisser Weise durchdringen, aber von der „niedrigeren Welt in die höhere Dimension hinein", wobei – wie schon die Definition verdeutlicht – die ‚niedrigere' Welt keine Möglichkeit einer Begriffserkenntnis hat.

Sie lächeln vielleicht milde über irgendwelche Ureinwohner, die – auf der Steinzeitstufe stehend – zu jeder Art von Flugzeug nur Donnervogel sagen können, weil sie von dieser Maschine nur den Donner, den Lärm den sie macht, in vergleichender Weise begreifen können.

Donner kennen sie, Vögel auch, der Rest ist ihnen absolut

unbegreiflich. Aber wie wir wissen, gäbe es die Möglichkeit, dieses zur Zeit Unbegreifliche begreifbar zu machen.

Die Möglichkeit liegt im Lernen, sicher – von dieser Ausgangsbasis aus – ein 10- bis 20-jähriges Studium. Dabei hat das Ganze noch mit Dingen der eigenen Realität, der eigenen Dimension, zu tun.

Und wie ist es mit uns? Wie sieht Ihre Lernmöglichkeit aus? Schlecht bis absolut unmöglich, müßte man sagen. Warum? Ganz einfach. Weil Ihnen, mein lieber Freund, offensichtlich die Erkenntnismöglichkeiten fehlen.

Hörte ich ein trotziges „Wieso?" Oh, das ist gut, das zeugt von Interesse, und das brauchen wir.

Zur Klärung, warum es nicht geht: (keine Angst, die Erklärung, warum es dennoch geht, folgt unmittelbar.)

Also, logisch gesehen geht es nicht. Mit einem Radioapparat, der nur Mittelwelle hat, können Sie beim besten Willen keine UKW empfangen, obwohl das UKW-Programm existent ist.

Mit einem SW-Fernsehapparat können Sie keine Farben empfangen, obwohl in Farbe gesendet wird, etc.

Es liegt also an den Empfangsmöglichkeiten, die nun einmal gegeben sind oder nicht.

Denken Sie hier an die Grenzen der Frequenzbereiche, innerhalb derer Sie Licht und Farbe wahrnehmen können. Denken Sie an die Grenzen der Tonschwingungen, die Sie hören können. Tiere haben hier wieder ganz andere Grenzbereiche.

Aber die Grenzbereiche sind nun einmal da und sind bei bester Absicht nicht wegzuleugnen.

Wiederholen wir noch einmal das Experiment, als ich Ihnen „Hallo" sagte?!

Schließen Sie, wenn möglich, die Augen. Das soll es Ihnen erleichtern, Ihre Aufmerksamkeit von äußeren Dingen abzuziehen und nach Innen zu lenken.

Atmen Sie behutsam, leicht, harmonisch und tief. Fühlen Sie sich in diese Leichtigkeit des Atmens hinein, fühlen Sie sich in dieses Harmonischsein hinein.

Ja, so ist es gut (für den Anfang; später stellen wir schon höhere Ansprüche. Es geht auch leider hier nicht ohne Üben.).

Lassen Sie all Ihre Gedanken, Vorstellungen, Wünsche los. Einfach loslassen, mit jedem Atemzug los-lassen und tiefer sinken. Noch tiefer. Ja, gut so.

Jetzt bleiben Sie, wo Sie sind, und fühlen Sie sich einfach wohl. Wohl, sicher und geborgen. Jetzt kann ich mich Ihnen wieder nähern und Sie ganz zart mit meinem Licht, mit meiner Energie, berühren. Bleiben Sie ganz ruhig, atmen Sie ganz leicht weiter, und öffnen Sie noch ein wenig mehr Ihr Herz. – Danke für Ihr Vertrauen. Das war's. Gönnen Sie sich jetzt eine kleine Pause, und fühlen Sie es noch einmal nach. Genießen Sie es einfach.

SEIN REICH

Als aufmerksamer Leser fühlen Sie sich verpflichtet, mich darauf aufmerksam zu machen, daß bereits das vorhergehende Kapitel „Sein Reich" hieß. Ja, ja, ich weiß, aber was soll ich tun. Es handelt sich noch immer um Sein Reich. Was kann ich denn dafür, würden Sie an meiner Stelle sagen, daß Sein Reich so groß ist. Ich würde so etwas natürlich nicht mehr sagen. Eine reine Sache der Entwicklung – Sie verzeihen diesen persönlichen Einwand.

„Aber was sich liebt, das neckt sich", sagte Ihr Herr Shakespeare, oder war's ein anderer? Literatur war nie meine Stärke, schon damals nicht, und außerdem glaube ich, geschah das alles später. Sie müssen wissen, wir sind hier in unseren Interessen, zumindest würden Sie es so sehen, sehr einseitig.

Die tausend- und abertausendfältige Problematik des Erdenlebens reduziert sich bei uns auf ein simples „To be or not to be" (aber das ist Shakespeare), ergänzt von uns „in Love".[1])

Warum ich auf einmal anfange, englische Ausdrücke zu gebrauchen? Verzeihen Sie mir, eine alte Gewohnheit. Für mich ein Zeichen von persönlicher Nähe und besonderer Sympathie.

Aber selbstverständlich werde ich mich bemühen, weiter die Informationen in korrektem Deutsch zu geben. Persönlich habe ich nur das Gefühl, daß bei Gebrauch der englischen Wortformen ich Ihnen mehr Intensität bei den Gefühlen der Zärtlichkeit und Liebe übermitteln kann, worauf es mir persönlich mehr ankommt; aber schließlich handle ich hier auch in einem „offiziellen" Auftrag.

You understand, what I mean?[2])

Noja, ich wollte Ihnen damit in sehr verblümter Weise kundtun, daß ich Sie mag.

Würde ich Ihnen in direkter Weise sagen, daß ich Sie – selbstverständlicherweise, denn das tun wir alle hier –

---

[1]) Sein oder nicht sein . . . in Liebe (Übersetzungen vom Herausgeber).

[2]) Verstehen Sie, was ich meine?

liebe, könnte es Sie möglicherweise erschrecken. Es ist ein Jammer mit der Liebe auf der Erde.

Wenn Ihnen jemand sagt, daß er Sie liebt, so denken Sie doch sofort: „Was will er von mir?“ und fühlen eine unangenehm drückende Verpflichtung.

Einverstanden, ich reduziere das „unangenehm drückend“ auf „gelegentlich, meist häufig“.

Aber die Verpflichtung bleibt.

Nicht so bei uns, wage ich stolz zu verkünden. Das ist eben der Unterschied.

Sein Reich ist (diese) Liebe.

Und – auch die Erde ist in dieses Reich miteingeschlossen. Nur ist sie im Bereich des „Sowohl-als-auch“.

Sie ist SEIN Bereich, wie sie es auch nicht ist, sie ist beides und auch keines.

Und ein jedes ist richtig.

Verwirrt? Ihr Armen, es tut mir leid, aber „schuld“ daran ist Euer Denken in dem Schema „Entweder/Oder“. Es gibt kein „Entweder/Oder“, es gibt nur ein „Sowohl-als-auch“ bzw. ein „Keines-von-beiden.“

Laßt mich in Liebe ein Beispiel dafür finden, es zu erläutern. Wohlgemerkt, ich spreche jetzt von einem Standpunkt, der näher bei Seinem Reich liegt. **Meine Aufgabe ist es, Euch einen Weg zu zeigen, die Grenzen, die zwischen unseren Welten liegen, zu überschreiten.**

Zum Beispiel: Ihr fragt Euch: Liebt mich jemand, oder liebt er mich nicht?

Die Frage klingt, von Eurer Seite aus gesehen, sehr logisch, sehr vernünftig, und ist doch, von unserer Seite her betrachtet, reiner Unsinn. Pure nonsense, my dear.[1])

Wieso? Schau, Sein Reich, welches reine Liebe ist, schließt alle Reiche mit ein, also auch die Erde. Einverstanden, in gewisser Weise hat die Erde einen Sonderstatus als Übergangsplanet von einer Dimension, von einer Qualität in die nächste. Deshalb herrscht auch hier Freund Luzifer, den Ihr richtigerweise den Lichtträger nennt. Luzifer ist sozusagen der Lehrer, der die Richtung zeigt. Er hat freundlicherweise die (undankbare) Aufgabe übernommen, auf der anderen Seite zu stehen, und allen, die – aus welchen Gründen auch immer – die Orientierung noch nicht gefunden bzw. wieder einmal verloren haben, durch entsprechende Hinweise Orientierung wieder zu ermöglichen. Ihr nennt es, fast möchte ich sagen, unfairerweise, Schicksal. Unfairerweise, weil ihr damit meist etwas Unverständliches, Unerbittliches oder sogar Grausames meint.

Und das ist es NICHT. Nie und nimmer. Ich muß hier Freund Luzifer in Schutz nehmen. Er hat die Verpflichtung auf sich genommen, konsequent zu sein.

Er hat die Verpflichtung auf sich genommen, notfalls unerbittlich zu sein. Aber bitte, notfalls. Wer treibt ihn denn zu diesen Reaktionen? Stumpfsinnig zerstört Ihr mit einer Konsequenz sondergleichen diesen herrlichen Planeten Erde. Versaut die Flüsse, die Meere und sogar die Atmosphäre und wundert Euch dann naiv über die folgenden, gesetzmäßig unausbleiblichen Katastrophen?!

So blöd kann man doch nur als Mensch sein. Verzeih meine Erregung, meinen Schmerz. Er zeigt mir nur, wie nahe ich Euch noch stehe.

---

[1]) Reiner Unsinn, mein Lieber.

Die, die über mir sind und mir erlaubt und mich beauftragt haben, mit Euch in Kontakt zu treten, um – so gut es noch geht – Euch zu helfen, sehen dieses Drama viel leidenschaftsloser.

Für Sie ist die Erde wirklich nur ein Schulungsbehelf, um diese Lektion der Liebe zu erfahren, um diese Lern- und Entwicklungsstufe zu absolvieren. Sie, die Hohen, leben in einem Reich solcher Herrlichkeit, worin die Schönheit der Erde verblaßt wie Kerzenschein im Sonnenlicht. Aber ich liebe diesen Planeten noch zu sehr, als daß ich tatenlos zusehen könnte, was hier geschieht.

Verzeih meine Emotion, mein Freund, und habe Verständnis für diesen Ausdruck meiner Liebe. Laß mich somit zurückkehren zur Beantwortung meiner Frage: Liebt mich oder liebt mich nicht. Also, es gibt auch für Dich keinen Ausweg (bei so viel Liebe kann ich diese distanzierte Form des Siezens nicht länger aufrechthalten, in a special way we are all brothers and sisters, have only one father and love each other)[1]: Liebt Dich,

> liebt Dich unter allen Umständen, und wenn ich
> unter allen Umständen sage, so meine ich auch
> unter allen Umständen.

Fast bin ich geneigt zu sagen: tut mir leid, weil ich sehe und fühle, wie schwer Du Dich mit diesem „unter allen Umständen“ tust. Aber ich kann Dir nicht helfen, so ist es.

Und das wirst Du lernen müssen, ob Du nun glaubst zu wollen oder nicht.

Du siehst, hier lege ich eine Konsequenz zutage, die bei aller Liebe an die meines (unseres) Freundes Luzifer erin-

---

[1]) In gewisser Weise sind wir alle Brüder und Schwestern, haben nur einen Vater und lieben einander.

nert. Ich fühle, Du magst ihn trotz meines Plädoyers für ihn immer noch nicht. Sei getrost, er ist es gewohnt. Der Arme.

Und an der Schwere seiner Aufgabe kannst Du seine Qualität ermessen.

Wie gefällt Dir dieser Gedanke, mein Freund? Die Schwere einer Aufgabe als Qualitätsmerkmal? So ist es. Das Leben (um jetzt zur Erholung ein neutrales Wort zu verwenden) weiß genau, wieviel es Euch zumuten kann. Auch ein scheinbares „am Schicksal zerbrechen" sieht nur von Eurer Seite so aus.

Natürlich fordern wir Euch. Ihr seid sozusagen nicht zum Vergnügen auf der Erde, obwohl es natürlich auch zum Vergnügen werden kann, nachdem man sein Lernpensum erfüllt hat.

Aber wie ist es mit den Situationen, die beim besten Willen so gar nicht nach Liebe ausschauen? Und davon habt Ihr ja mehr als genug, ich weiß.

Gerade die, gerade die.

Sind Liebe??

Ja, wenn auch natürlich von der anderen Seite her. Sind sozusagen der Impuls, die Aufforderung zur Liebe.

An wen dieser Impuls gerichtet ist?

An Dich natürlich, mein Freund.

Und jetzt denkst Du: Sowas behauptet, mich zu lieben. Genau so ist es. Diese Art von Liebe ist absolut aufrichtig, ehrlich, selbstlos und uneigennützig, und riskiert ständig, mißverstanden zu werden. Nicht wahr, Freund Luzifer? Er lächelt sein mildes, alles verstehendes Lächeln, voll Liebe.

Wir denken bei all dem nur an Dich. Deine Lernstufe haben wir schon längst geschafft, die Schwierigkeiten hast allein

Du. Unser Lernen – ja, auch wir lernen noch – ist ein unendlich liebevolles. Es freut uns natürlich, wenn Du uns Liebe und Licht und Dankbarkeit sendest, aber wirklich wichtig und von Nutzen ist dieses Tun vor allem für Dich. Deshalb fordern wir Dich auf, es immer wieder zu tun.

Außerdem fördert dieses Tun das Wachstum unseres Kontaktes miteinander und somit für Dich die Möglichkeit, zu mehr Hilfe und höherer Führung zu gelangen.

Das bringt und garantiert nahezu schmerzfreies Lernen. Freund Luzifer wird arbeitslos, und eine größere Freude können wir ihm gar nicht machen.

Er ist eigentlich der einzige, der seine Arbeit sozusagen gegen seinen eigenen persönlichen Willen in dieser Form durchzuführen hat. Nur weil er diese Kraft, Stärke und hohe Qualität besitzt, ist er für diese Aufgabe geeignet.

Es ist auch für ihn sicher hart, von Eurer Seite so ungeliebt zu sein.

Damit hat er sich großteils schon abgefunden. Die „andere Seite“ entschädigt ihn dafür um so mehr.

Merkst Du, wie vorsichtig ich die Begriffe einsetze, die von Euch so emotional und daher leicht mißverständlich besetzt sind?

Die „andere Seite“ – a funny word for Him,[1]) aber auf jeden Fall besser, als hier auf zu große Widerstände in Eurer Vorstellungswelt zu stoßen. Fällt Dir auf, wir sprechen von Seinem Reich und kommen immer wieder auf Luzifer.

(Also pardon, diese Gedanken, die hier manche denken (könnten), erlaube ich mir, als zu weit unter unserem Ge-

---

[1]) ein ulkiges Wort für Ihn.

sprächsniveau angesiedelt zu erkennen und damit nicht weiter zur Kenntnis zu nehmen).

Zeigt das nicht in deutlichster Weise, daß Seine Liebe, daß Sein Reich, alles miteinschließt, alles Gute selbstverständlich und auch offensichtlich alles (scheinbar) Schlechte – weil es dem Guten dient?

Kann ein Diener des Guten schlecht sein? Schlecht in diesem Sinne kann nur etwas sein, was nicht dem Guten dient. Und dazu fällt mir eigentlich nur das ganz vordergründige „gute Leben“ ein, das „dolce vita“, das sich manche so heiß ersehnen.

Da schließt sich der Kreis zum Ausgangspunkt, der Beginn von Kapitel ‚Sein Reich‘, 1. Teil.

Hier wäre eine kleine Besinnungs- und Vertiefungsübung angebracht. Einstieg wie gehabt, Augen schließen. Aufmerksamkeit auf das Strömen des Atmens richten, loslassen, still werden.

Jetzt denken Sie an eine Situation Ihres Lebens, die so richtig „schlecht“ im Sinne von hart, schwer, nahe daran zu zerbrechen, war. Ja, und jetzt denken Sie, was daraus geworden ist – im Sinne einer geistigen Qualität, im Sinne gewachsener Lebensfähigkeit, vielleicht sogar bereits Lebensfreude.

Also war‘s schlecht – oder doch gut?

Sie meinen, damals war‘s schlecht, und heute ist es gut. Was zählt noch? Das Heute. Also ist es, war es gut. Einverstanden?!

Zurück zur Frage: Liebt mich oder liebt mich nicht. Wenn es dann gut war, fällt es vielleicht doch unter Liebe? Ja, sicher sogar.

Wir, Du und ich, müßten bzw. müssen uns nur daran gewöhnen, daß es auch diese so eigenartige Form von Liebe gibt. Oh, heiliger Luzifer, wann wird man Dich endlich in den Kreis der Liebe integrieren? Solange das auf Erden nicht geschieht, kann es keinen echten spirituellen Fortschritt geben.

Kehren wir nun zurück zu Dir, mein Freund, und Deinen Problemen (Aufgabenstellungen) in der Liebe. Daß es Probleme eigentlich nicht gibt, ist Dir schon klar? Oder doch nicht in vollem Umfang!

Es gibt nur Situationen = Aufgabenstellungen = Lernaufforderungen an Dich und – wie schön, gut und wertvoll – Informationen über Deinen derzeitigen Entwicklungsstand mit dem nächsten Lernschritt – für Dich. Ich betone: für Dich. Situationen sind ausschließlich für Dich da, Lernaufforderungen sind ausschließlich für Dich da (für wen denn sonst, es ist ja Deine Situation, und somit Deine Lern-, ist gleich: Erkenntnis-Aufforderung).

Spürst Du Luzifers verständnisheischenden Blick und seine Geste der Hilflosigkeit, die sagen will: Wie kann ich es Euch denn nur verständlich machen, wie ernsthaft ich Euch liebe. Wie innig mein Sehnen ist, Euch wieder zurück in Sein Reich zu bringen. Ich bin der Kontrast, der in Euch die Sehnsucht nach dem Licht und der Liebe bewußt machen soll. Ohne Kontrast hättet Ihr keine Orientierung.

Ich bin Orientierungshilfe, ver. ... (Pardon, hier folgt ein durchaus verständlicher Verzweiflungsausbruch unseres geschätzten Freundes, den wir jedoch schon wegen der gesamten Heikelkeit des Themas nicht wiedergeben können. Danke für Euer Verständnis).

Ein Bewußtmachungsfaktor: Ohne mich würdet Ihr nie zum Denken anfangen, Euch nie fragen, warum und wozu, und somit nie gezwungen sein, „Sein Reich“ zu suchen. Ich bin der zwingende Aspekt, ich fordere Dich auf, das zu tun, das Du in Deinem Leben nie freiwillig getan hättest.

Hier muß ich eine Einschränkung anbringen. Das ist eine Frage des Standpunktes.

Damals, vor Deiner Inkarnation, vor Deiner Wiedereinkörperung auf dieser Erde, damals haben wir uns gemeinsam „überlegt“, welche Situationen in Deinem zukünftigen Leben für Dich, im Sinne von Lernerfahrung und Erkenntnismöglichkeit, wertvoll sein könnten. Was Du alles auf Dich nehmen wolltest, nur um möglichst rasch zum Ziel zu kommen. Auf alles Schöne und Angenehme zu verzichten, warst Du bereit. IHM sei Dank, konnten wir Dich bremsen und uns auf einen Kompromiß einigen. Es sollte nicht nur hart und schwierig für Dich sein, und außerdem haben wir Deinen Lernfortschritt miteinkalkuliert. Das heißt, je mehr Du schon gelernt, ist gleich 'verstanden' hast, desto leichter, angenehmer und schöner läuft Dein noch vor Dir liegendes Lernprogramm ab.

So führten wir Dich behutsam in die ersten Lernsituationen hinein und steigerten langsam die Intensität, bis es Deinerseits zum ersten Aufmerksamwerden kam. Wir riefen Dir ein fröhliches „Guten Morgen“ zu, aber es war noch zu früh. Dein Bewußtsein schlief noch immer, nur nicht mehr so tief, fest und ruhig. So ging es weiter Schritt für Schritt, bis heute.

Da Du diese Zeilen liest und wir zumindest begonnen haben, zu kommunizieren, ist das „Guten Morgen“ und „Schau, was für ein schöner Tag“ schon durchaus angebracht.

Vielleicht kannst Du die Schönheit des Tages noch nicht ganz erfassen. Sei getrost, auch das wird kommen. Wir sind ja bei Dir. Und um jeden Hauch eines Mißverständnisses zu beseitigen: WIR, die Wesen des Lichts und der Liebe.

Magst Du es fühlen? Sozusagen als Bestätigung?

Einstieg wie gehabt, ruhig atmen, ganz ruhig und tief, loslassen, bleiben –
jetzt öffne Dein Herz –
Hallo, hier sind wir!

Ein ganz sicheres Zeichen, daß Du unsere Berührung wahrgenommen hast, ist: Wenn Du in diesem Augenblick lächelst und wenn Dir ein wenig die Tränen in die Augen steigen, einfach weil es so schön ist.

Verharre einige Zeit in dieser Verbindung mit uns, das gibt uns die Möglichkeit, Dir Kraft, Harmonie und Liebe zuzusenden. Danke.

Dein Problem mit der Liebe. Dein Problem mit der Liebe ist ganz einfach, daß es ein Problem für Dich ist. Nein, nein, das ist nicht so blöd, wie es im ersten Augenblick aussieht. Laß es mich doch bitte erklären. Ein Problem (für Dich) weist doch immer auf einen Mangel in Dir. Oder sehr positiv formuliert, auf eine noch entwicklungsfähige Eigenschaft in Dir.

Das heißt doch nichts anderes, als daß die Eigenschaft, die Qualität der Liebe in Dir noch entwicklungsfähig ist.

Das ist doch nicht schlecht, und so kannst Du es annehmen. Wir alle waren auf der Erde, um uns zu entwickeln.

Also, Dein Problem mit der Liebe heißt ganz einfach: Entwickle Deine Kraft, Deine Qualität der Liebe (und mach bitte kein Romeo & Julia- Drama daraus, das ist nur als Ballett schön. Esoterisch gesehen ist der Inhalt eine reine Katastrophe, nichts als Erscheinungen des Mangels, keine Spur der reinen Liebe).

Warum, oder besser gesagt, wann erscheint das Leid in der Liebe? Nur im Mangel, nur in der Bedürftigkeit, nur dann, wenn Du etwas haben willst (was Du nicht hast und deshalb auch nicht bekommst).

Das klingt hart, vor allem in der Schlußfolgerung, aber so ist es. Freund Luzifer blickt ganz bekümmert. Aber wir dürfen Dir auch sogleich den Ausweg aus diesem Dilemma zeigen. Er liegt klar auf der Hand.

Also, ich hab's nicht – deshalb bekomm' ich's nicht. Und da kann ich suchen bis ans Ende meiner Tage.

Aber was wäre, wenn ich anfangen würde, es zu geben? Wenn ich anfangen würde, lieb zu sein und Liebevolles zu geben?

Eine gute, eine ganz ausgezeichnete Idee, aber, ganz großes ‚aber': Vorsicht, Vorsicht, Vorsicht! Bitte nicht in den Fehler verfallen und sagen: Jetzt gebe ich und warte nun, ob ich etwas zurückbekomme. Ein Fehler – ganz typisch für die Erde als Entwicklungsplanet!

Hier kommt dann unweigerlich die Enttäuschung. Erinnere Dich bitte an die Definition – eine Täuschung geht weg, und ich erkenne die Wahrheit.

Worin bestand Deine Täuschung, und welche Wahrheit sollst Du erkennen? Deine Täuschung bestand im Nichterkennen der Qualität der reinen Liebe. Du hast etwas gegeben, von dem Du geglaubt hast, daß es Liebe ist.

Aber mein Freund, das war es nicht, nie und nimmer. Was Du gegeben hast, waren Zeichen, vielleicht sogar sehr freundliche Zeichen, Zeichen von Bedürftigkeit.

In dem Sinne von: Ich liebe Dich, weil ich Dich brauche, mich zu lieben.

Worum geht's dabei? Ganz einfach darum, daß Du geliebt werden willst und Du Dich dann noch beschwerst, wenn es nicht in der vollkommenen Weise geschieht, die Du Dir vorstellst. Das alles unter dem Titel: Ich liebe Dich so sehr und Du ...

Darf ich Dir ganz ehrlich sagen, was das ist? Keine Spur von Liebe – reine Bedürftigkeit. Dabei habt Ihr sogar ein Lied von der Liebe als Himmelsmacht. Himmel ist gleich nicht Erde, nicht materiell, nicht polar (im Sinne eines Gegensatzes von Du und ich), Himmel ist spirituell, Geistkraftenergie, unerschöpflich und Einssein. Also damit hat Liebe zu tun.

Liebe ist eine geistige Einstellung, ein energetisches Faktum. Du liebst, wenn Du Dich mit dieser Energie in Verbindung setzt – Du Dich, und nicht, wenn Du darauf wartest, daß jemand kommt, der Dich liebt. Warum sollte auch jemand kommen, wo Du außer Bedürftigkeit nichts zu bieten hast? Du kannst so immer wieder nur mit Bedürftigkeit in Berührung kommen. Und das ist doch genau das, was Du ja nicht willst. Aber wie viele sind in dieser Situation und beklagen sich über die Mängel, die doch ihre eigenen sind. Do not listen to them.[1]) Wenn jemand das nicht erkennt, singt er Dir nur die Ohren voll, ohne daß Du eine Veränderung bewirken kannst. Hier hat Freund Luzifer seine unbedankte Aufgabe, unangenehme Situationen zu stellen.

Wie kannst Du Dich nun mit dieser Energie in Verbindung setzen?

Darf ich Dich einladen? Schließe die Augen, lenke Deine Aufmerksamkeit auf das Strömen Deines Atems, werde ruhiger, gelöster, entspannter, lasse los, sinke tiefer und tiefer.

---

[1]) Höre nicht auf sie.

Öffne Dein Herz, fühl Dich wohl, verharre, bleib, öffne Dein Herz noch ein wenig bewußter. Jetzt ist es gut, stelle Deine Empfangsbereitschaft auf Liebe ein, denke Liebe, sinke tief in den Inhalt dieses Wortes hinein, sieh dieses Wort mit Deinem geistigen Auge, sei es.

Noch tiefer, noch weiter . . .

Verharre einige Zeit in diesem Kontakt.

Das war's. Hat es Dich berührt, ergriffen, erfüllt, glücklich gemacht?

Diese Energie kannst Du nur über uns bekommen. Wir benützen Sie auch, um Dich mit bestimmten Menschen in Kontakt zu bringen, wenn es für Dich wichtig ist. Wichtig im Sinne einer Lernerfahrung.

Eine Lernerfahrung, die Dir immer nur sagen will: Liebe ist eine Energie des Himmels, und sie nur dort zu suchen, ist sinnvoll.

Du weißt ja: Wer den Himmel auf Erden sucht, hat in Geographie geschlafen. Guten Morgen mein Freund, aber so ist es. Also, um Liebe, so wie sie ist, zu erfahren, bleibt Dir der „Umweg" in die Spiritualität, die Erfahrung der Geistigkeit, nicht erspart. Dies sichert Dir jedoch eines: Unabhängigkeit.

Unabhängigkeit von äußeren Umständen und gewährt Dir somit das Gefühl Deiner Freiheit. Frei zu sein, unabhängig zu sein, geliebt zu sein. Ist dieses Angebot nicht wert, überprüft zu werden?

Stell Dir vor, Du fühlst Dich geliebt, das heißt bedingungslos, unter allen Umständen, rein um Deiner Selbst willen. Man ist immer für Dich da, um Dir zu helfen, Dir zu raten, Dich zu unterstützen. Du bist niemals mehr allein und verlassen, und Du bist frei zu tun, was Du willst. Du bist auch frei, nicht zu tun, was Du nicht willst. Keine Bedingungen, nur Liebe.

Allerdings, da Du Dir in diesem Leben ein Lernziel gesteckt hast und wir uns alle bereit erklärten, Dir bei dem Erreichen des Zieles behilflich zu sein, allein aus diesem Grund, in Deinem Interesse, gibt es gewisse Erfahrungen in Deinem Leben.

Von einem anderen Standpunkt aus betrachtet kann man sagen, daß Du diese Erfahrungen suchst, Dich sozusagen in diese Erfahrungen hineinmanövrierst. Denk doch einmal zurück, wie es damals begann, „als das Schicksal seinen Lauf nahm".

Wer stellte die Weichen? Du doch, oder?

Und die, die hier in diesen Erfahrungen ihren Part spielen, tun es auch wiederum nur für Dich. Du hast sie sozusagen wie ein Regisseur dazu verpflichtet. Life's a stage and everybody plays his part.[1]) Ich liebe die Stimme von Elvis. There is so much feeling.[2])

Aber verstehst Du, worum es geht?

Es geht um Liebe. Dir zu helfen, den Weg zurück in Sein Reich zu finden, in das Reich, in die Erfahrung der Liebe. Nur dazu dient es. Das Dienende gehört (in der Qualität) dem an, dem es dient. Hier ist ein Nicht-Einssein nicht möglich. Verstehst Du nun langsam die Rolle von Luzifer besser? Er würde sich erlöst fühlen wie Tantalus, könntest Du seine Aktionen verstehen und aus diesem Verstehen heraus „lieben" und ihn als „Verursacher" miteinschließen.

Das Leben als Gesamtes zu lieben, ist das Geheimnis, die

---

[1]) Das Leben ist eine Bühne, auf der ein jeder seine Rolle spielt.

[2]) Da ist so viel Gefühl drin.

Einheit des Lebens erkennen und das Füreinander durchschauen.

Aus diesem Füreinander erkenne auch Deine Aufgabe in diesem Liebesspiel. Hör endlich auf, der Liebe (bzw. einem Objekt Deiner Liebe) nachzulaufen, halte ein, besinne Dich, woher Du Liebe empfängst, nur empfangen kannst, öffne Dich, nimm sie auf, verbinde Dich mit ihr. Und nun strahle sie gebend, schenkend aus Dir heraus.

Fungiere wie ein Transformator. Nimm diese spirituelle Liebe auf (als ein Gefühl, als eine Überzeugung), und gib sie als irdische Liebe weiter. Aber vergiß nie, wie Du sie empfangen hast. Rein, bedingungslos unter allen Umständen, und nur so, bitte, nur so, ist es gut und sinnvoll, sie weiterzugeben. Oh, das ist hart für Euch Erdenmenschen, sehr hart, vor allem am Anfang dieser Lektionen. Nur zu geben, ohne etwas zu erwarten, ist fast schon gesellschaftlich verpönt. Deshalb sei vorsichtig. Gib – anfangs vor allem – immer nur so viel, wie Du leicht verkraften kannst. Bleib innerhalb Deiner Grenzen, in denen Du leicht schenken kannst. Schenken und vergessen. Hüte Dich davor, uneinbringbare Forderungen anzusammeln und mit Dir herumzutragen. Du verbitterst. Schau Dir die Gesichter an. Lauter uneinbringbare Forderungen stehen darin geschrieben. Wenn Du solche noch hast, mach einen Strich darunter und verbuche Sie als Geschenk. Denk Dir einfach, der andere hat es gebraucht, lebensnotwendig gebraucht, und Du konntest es Dir (gerade noch) leisten. Also umgebracht hat's Dich nicht, also vergiß es – als ein großzügiges Geschenk eines Wohlhabenden.

Vergiß dabei einen wichtigen Standpunkt nicht. Wir sind füreinander da in diesem Spiel. Durchschau den anderen in seiner Rolle, die er spielt.(Merkst Du sein Grinsen? Jetzt erkennt er sich als durchschaut, dieser Blödmann, und so geärgert und gepeinigt hat er Dich).

Ja, er ist oder war in der Rolle Deines Lehrers, und dich genau zu jenem Verhalten zu veranlassen, war sein Ziel. Du hättest natürlich auch statt durchschauen, loslassen und bedingungslos zu geben, Dich auch festkrallen können, daran zerbrechen oder mit diesem Unrecht verhaftet bis an das Ende Deiner Tage dahinvegetieren können. Deine freie Wahl. Niemand zwingt Dich klug zu handeln, aber kreide bitte Deine Blödheit nicht Luzifer an.

In einem Eurer Bücher steht geschrieben: Begehre nicht dies oder jenes. Und damit haben die meisten von Euch die größten Schwierigkeiten. Aber hast Du schon einmal den Versuch unternommen, es schlicht und einfach zu lieben?

Verdammt noch mal, liebe es, und Du bist den Zwang los, es haben zu müssen. Pardon, ladies and gentlemen, das Fluchen kann ich noch von damals. Hier ist es wahrlich nicht notwendig, aber im Umgang mit der Erde kommt man gelegentlich nicht drum herum. Ich darf mit Eurem Verständnis rechnen ...

Ist das nun klar, mein Lieber, Dein Problem mit der Liebe kommt aus Deinem Mangel. Arbeitest Du daran, aus diesem Mangel eine Fülle, möglichst sogar eine Überfülle werden zu lassen, so kannst Du von dieser Überfülle abgeben, so viel Du willst, und bist noch immer in der Fülle.

Und hier kommt endlich der Punkt, auf den Du schon die ganze Zeit wartest. Jeder von uns hat das gebraucht, jeder von uns ist (zumindest auf der Erde) nie ganz erwachsen geworden. Jeder von uns blieb irgendwo das kleine Kind, das nach der Mutterbrust greint. Also, **es ist einfach wichtig für uns, auch zu bekommen.**

Natürlich, aber um das zu ermöglichen, war es so wichtig, die Voraussetzungen dazu zu klären. Die Voraussetzungen dazu kommen aus der Fülle. Ist auch klar aus der Sicht Resonanzgesetz, Affinität, Spiegelung. Was soll sich denn anderes spiegeln, als das, was da ist? Good morning, sunshine![1])

Ich glaube, intellektuell hätten wir's. Sogar Freund Luzifer fühlt sich ein wenig akzeptiert. Und hier an dieser Stelle kann ich Euch gestehen, wie unendlich wichtig das ist. Ihn und seine Aktionen zu akzeptieren heißt, damit in Harmonie zu gehen, heißt (notfalls) bereit zu sein, es anzunehmen. Doch in diesem Augenblick, wo Du bereit bist, es zu tun, hast Du es (für uns) schon getan und mußt es, irdisch gesehen, nicht mehr realisieren.

Also bist Du grundsätzlich (notfalls) bereit, irdisch gesehen, auf Deine ersehnte Idealpartnerschaft zu verzichten, um diesem geistigen Prinzip (zu geben, ohne zu fordern) zu leben. Schon sind uns alle Möglichkeiten gegeben, Dir diesen Deinen Wunsch zu erfüllen. Denn aus Deiner Fülle des Gebens, des Für-den-anderen-Daseins, entsteht automatisch und gesetzmäßig ein Dir-Geben, ein Fürdichdasein. Und dann hast Du's, auch auf dieser Ebene.

Das gleiche gilt natürlich auch für finanzielle oder sonstige Probleme. Das Prinzip ist immer das gleiche.

Daß Du uns nicht beschwindeln kannst, brauche ich hier wohl nicht extra zu erwähnen. Ehrlichkeit ist das oberste Prinzip. Denk daran, wir sehen (empfinden) Dich als eine Schwingung, ähnlich dem Licht. Hingegen wird ein ehrliches, aufrichtiges Bemühen voll anerkannt, und sozusagen bevorschußt. Wir bestätigen Dich dann in Deinem Tun, in

---

[1]) Guten Morgen, Sonnenschein!

der Richtung Deines Handelns. Der berühmte Columbus-Effekt. Ihr wißt ja, als Columbus Richtung Amerika fuhr und seine Mannschaft als auch er schon zu verzweifeln drohten, weil noch immer kein Land in Sicht war und sich die Vorräte zu Ende neigten, da erschien eines Tages Treibholz, und am nächsten Tag erblickte man Vögel als ein Zeichen, daß es in der Nähe Land geben mußte. Bald darauf erreichte man die ersten vorgelagerten Inseln, auf denen man frisches Wasser und Proviant aufnehmen konnte. Man hatte es geschafft.

Achte auf die Zeichen des Treibholzes in Deinem Leben, mein Freund, und nimm sie dankbar an, als eine Bestätigung Deines Tuns und seiner Richtung.

Siehe, das verheißene Land ist nahe.

In diesem Zusammenhang ist es nun Zeit, ein neues Kapitel zu beginnen; laßt uns über

DIE SYMBOLIK DES LEBENS UND SEINER SITUATIONEN

sprechen.

Aus dem Vorangegangenen ist klar die Verbindung unserer Welt mit der Euren hervorgegangen und auch die Aufgabe, die diese Verbindung beinhaltet.

Es ist die einer Kommunikation, eines für Euch Daseins. Dieses für Euch Dasein beinhaltet die Verpflichtung für uns, Euch Informationen, Anleitungen, Hinweise zu übermitteln. Aber wie macht man das, wenn man keinen Körper mehr hat, um Euch bei der Hand zu nehmen, und keine Stimmbänder, um Euch etwas ins Ohr zu flüstern?

Nun, wir haben unsere geistige Energie, die wir einsetzen können. Wie? Indem wir auf Eure geistige Energie Einfluß nehmen. Euer Kern, Eure Mitte, Euer Wesen, der göttliche Funke, da sind wir gleich, da können wir Euch ansprechen. Die Handlungen, die Ihr dann setzt, tut Ihr aus diesen Impulsen heraus.

Nein, nein, keine Angst, no puppet on a string, Ihr seid keine willenlosen Marionetten. Den Sauhaufen auf Erden habt Ihr ganz aus freiem Willen geschaffen. Verstehst Du nicht? Einerseits Impulse, auf die Handlungen folgen, andererseits freier Wille? Sagte ich doch, Impulse. Aber Du entscheidest, ob Du ihnen folgen willst oder nicht. Natürlich erkennt Dein höheres Selbst, welches uns sehr nahesteht, was für Dich, im Sinne Deiner Entwicklung, im Sinne Deines Fortschrittes, gut und wichtig ist, und lenkt Dich auch so in Situationen, die Du, auf der Ebene Deines kleinen Egos, nicht unbedingt wählen würdest.

Du siehst auch hier kein: Ich-oder-nicht-ich, sondern ebenfalls ein Sowohl-als-auch, bzw. ein Weder-noch. Denk daran, was schon der Fuchs zum Kleinen Prinzen sagte: „Worte, mein Freund, sind die Quelle von Mißverständnissen." Deshalb benutzen wir lieber Situationen. Diese erlebst Du viel unmittelbarer und persönlicher auf Dich bezogen. Wir haben dem Schreiber dieser Zeilen eben eine „aufs Aug'" gegeben, als er dabei war, einen Gedanken zu denken, der bei Verwirklichung den harmonischen Ablauf einer Sache gestört hätte.

Da es leicht schmerzhaft war, hat er darüber nachgedacht, was es wohl zu bedeuten hat, hat den Zusammenhang erkannt und wird die Verwirklichung dieses Gedankens unterlassen. Im Grunde ist er für diesen kleinen Schmerz dankbar, da die Erledigung dieser Sache ein langgehegter

Wunsch unseres „Klienten“ ist und er auf eine baldige und harmonische Erfüllung größten Wert legt. Da er nach wie vor die Tendenz hat, auf der falschen Ebene, in der falschen Art, aktiv zu werden, werden wir uns auch in Zukunft nicht scheuen, unserem Freund, in seinem Interesse, eine „aufs Aug'“ zu geben. Er soll merken, daß wir ihn ernsthaft lieben und ernsthaft um sein (sogar körperliches) Wohl besorgt sind.

Der Code der Symbole ist ganz leicht zu knacken. Nimm z. B. ein Symptom im Sinne eines äußeren Zeichens und interpretiere seine Information, seinen Inhalt, interpretiere das, was es Dir sagen will.

Gehen wir von dem Dir Naheliegendsten aus, von körperlichen Schmerzen und Beeinträchtigungen. Sie sind immer ein Hinweis, eine Aufforderung, einen seelischen Zustand zu erkennen.

Was verursacht Dir zum Beispiel diese unerträglichen Kopfschmerzen (als Reaktion in gewissen Situationen)?

Wann hast Du die Symptome einer Allergie? Und wann hast Du sie nicht? Seit wann hast Du diese fürchterlichen Kreuzschmerzen? Was geschah da kurz vorher? Als Du Dir den Fuß verstaucht hast, was hast Du in dieser Situation gedacht, gefühlt, empfunden? Deine Grippe, Dein Fieber, wann taucht es immer auf?

Versteh uns nicht miß. Wir wissen, daß Du nicht simulierst, Deine Krankheit ist echt und auch medizinisch (schulmedizinisch natürlich) zu begründen. Aber dahinter steht etwas anderes, ein seelisches Ungleichgewicht, eine Bedürftigkeit, eine Schwäche. Und gerade Schwächen haben die Eigenschaft, Macht, Zwang, Erpressung, Unterdrückung auszuüben.

Wann flüchtetest Du zuletzt in eine Schwäche, um etwas zu erzwingen? Protest! Du doch nicht? Doch, doch, auch Du, innig geliebter Freund. Sei getrost, es ist legitim im Zuge des Lernens als eine (möglichst bald zu verlassende) Entwicklungsstufe. Sei einmal ganz einfach ehrlich und schau Dich an. Wir versprechen Dir, es bleibt absolut unter uns und, by the way,[1]) es geht niemandem besser. Trotz dieser kleinen Schwächen bist Du doch ein sehr netter Bursche bzw. ein sehr nettes Mädchen und wirst von uns innigst geliebt. Solange Du bzw. man seine Schwächen nicht anschaut und somit nicht erkennt, kann man sie auch nicht beseitigen. Du willst doch nicht Dein Leben lang mit diesen Schwächen herumlaufen? Gut, gut, sie sind nicht arg. Aber denk doch an das Resonanzgesetz, an Affinität und Spiegelung. Und nun denk daran, was Du anstrebst. Na also.

Ganz ähnlich ist es natürlich mit der Symbolik äußerer Situationen. Ihre Information kannst Du ähnlich interpretieren wie eine Pantomime. Und immer wieder ist die Frage wichtig: Was sagt es mir? Über welchen Mangel informiert es mich?

Das ist so wichtig, damit Du das Gute, das Wertvolle, das Hilfreiche darin zu verstehen und zu erkennen lernst. Du beziehst es dann nicht mehr als Negativum auf Dich, sondern als Positivum. Zumindest sagst Du einmal, und selbst wenn es anfangs ironisch sein sollte, wird es von uns als Bemühen akzeptiert: „Wie interessant! Was es mir wohl sagen will?“

Da kannst Du noch weit davon entfernt sein, die Information auch anzunehmen, so hast Du dennoch schon einen selbstkritischen Abstand zur jeweiligen Situation und emp-

---

[1]) nebenbei gesagt.

findest sie nicht mehr (ausschließlich) als leidvoll. Und darauf kommt es an: die Information aus den meist leidvollen Emotionen heraus zu entwickeln, sozusagen zu entblättern. Wer hier an Sex denkt, ist selber schuld. Do you mind my joking?[1])

Ich weiß, ich bin (war) ein sehr lockerer Bursche, aber jetzt nehme ich meine Aufgabe sehr ernst.

Nur die Verbindung zur Erde ist noch nicht ganz gelöst. Ich habe damals so viel so grundlegend falsch gemacht (eh normal, leider), daß ich nach einer etwas besseren Inkarnation bat, diese Aufgabe übernehmen zu dürfen.

Aber glaubt wirklich nicht, daß es von dieser Seite her leichter ist, Gutes zu tun.

So was Verstocktes wie die Erdenmenschen muß man einmal erst erlebt haben. Das ist mir damals, als ich auch so war, gar nicht so unangenehm aufgefallen wie jetzt. Aber ab und zu gelingt es uns doch, einen neuen Kontakt herzustellen, so wie mit Dir jetzt, und Du kannst Dir gar nicht vorstellen, welche Freude das bei uns auslöst. Jeder freut sich doch, wenn seine Arbeit sichtbare Früchte trägt.

Verstehst Du jetzt unser Mitgefühl und unseren Respekt für Freund Luzifer? Seine Arbeit dient der Vor- und Aufbereitung des – pardon, fast hätte ich jetzt gesagt – Materials.

Es sollte aber nicht so respektlos klingen.

Aber unsere Wahrnehmung Eurer Persönlichkeiten ist natürlich nur rein energetisch. Das genügt für unsere Arbeit, Euren Schwingungszustand höher zu polen. Die Farbe Eurer Augen und die Form Eurer Nasen zu erkennen, ist für uns völlig belanglos. Außerdem ist dieses Sich-auf-Euren-

---

[1]) Hast Du etwas dagegen, daß ich Spaß mache?

Schwingungszustand-Herunterpolen-Herunterverdichten eine mühsame Angelegenheit und ziemlich unangenehm, wie man sich leicht vorstellen kann, wenn man Besseres gewohnt ist.

Aber was tut man nicht alles aus Liebe, wenn es notwendig ist. Und diese Wende aus der Not der Lieblosigkeit herbeizuführen, ist unsere Aufgabe. Dank meiner noch herrschenden Erdennähe, die ich in Kürze abzulegen hoffe, kann ich Höheren als Transformator ihrer Energien dienen.

Diese Höheren dienen wieder Höheren, und so geht es fort, von einer Seligkeit in die nächste, bis hinauf zu IHM, dem Höchsten.

Oder wie man es halt mit Worten beschreiben soll. Um einen saublöden Vergleich zu nehmen – aber besser als gar nichts, denn ein wenig trägt es doch zu Eurem Verständnis bei –: es ist wie das Lesen einer Speisekarte, und dann das Essen, Speisen, Gourmieren.

Wer erwartet, daß ich schon wieder sage: „Beides probiert, kein Vergleich", wird jetzt von mir enttäuscht. Schließlich weiß ich, wann man aufhören muß, mit Platitüden um sich zu werfen. Auch ich habe gelernt, zuerst auf der Erde, und dann weiter hier.

Wir alle entwickeln uns noch, werden feiner, reiner, lichter. In der Analogie paßt es durchaus zu dem Entwicklungsprozeß auf der Erde. Loslassen ist so wichtig. Die Erde loslassen, ihre Probleme, ihre Ängste; ich hab's auch noch nicht ganz, darum kann ich Euch so gut verstehen.

Aber es hat sich viel verändert, seither.

Wie hing ich an meiner Frau, an meinen Kindern, ich liebte sie über alles, aber ich ‚hing'. Versteht ihr? Lieben und gleichzeitig loslassen, nicht festhalten wollen, das ist so schwierig. Ich versteh' es. Jetzt bin ich dabei, es Euch zu lehren, die reine Liebe, die bedingungslose, die schenkende, die gebende – aber auch dadurch die leidfreie. Liebe und Leid sind nur scheinbar miteinander verknüpft, aus Eurer kulturellen Erfahrung, Eurer Zivilisation.

Lieben und Leiden – wie oberflächlich betrachtet ähnlich! Und doch sind hier zwei Dinge verdreht worden. In der Analogie steht das „ei" für etwas bekommen wollen, und das „b" für Begierde, für Besitzansprüche. Aus diesen beiden Dingen ergibt sich das totale Mißverständnis der Liebe und alles, was ihr sozusagen „in die Schuhe geschoben" wurde. Nie und nimmer kann Liebe Schuld an Leid haben. Das Mißverständnis der Liebe verursacht Leid. Luzifer nickt. Aber, unser ganz großes Aber, dieses Leid dient ausschließlich dazu, auf dieses Mißverstehen aufmerksam zu machen. Wie siehst Du jetzt Romeo & Julia? Also, mir ist als Beispiel für Liebe Mutter Teresa lieber. Da kannst Du eher etwas Vernünftiges lernen.

Lernen durch Liebe. Ihr habt immer die Chance, durch Liebe zu lernen. Anfangs in eher unangenehmer Weise durch das, was Ihr mißverständlich als Liebe bezeichnet, und die darin enthaltenen selbstverständlichen Enttäuschungen.

Wenn Du Dich täuscht, mein Freund, ist es im Sinne Deiner Lernaufgabe unsere Pflicht, Dich zu enttäuschen. Es ist nur schrecklich selten, daß wir dafür bedankt werden.

Ist es jemandem von Euch schon untergekommen? Also hier bei uns kann sich niemand daran erinnern. Später vielleicht, wenn ein gewisser Abstand bei Euch da ist, passiert es schon hie und da.

Nun, mit großer Begeisterung dürfen wir bei unseren Schülern nicht rechnen, vor allem nicht am Beginn und so mittendrin im Lernprogramm. Was wir da alles zu hören bekommen?!

Ihr habt ja den Ausdruck: Engelsgeduld. Danke für die Einsicht, ja, die braucht man. Zur bedingungslosen Liebe zu Euch haben wir noch etwas = grenzenloses Vertrauen.

Das ist ein ganz wichtiger Aspekt in unserer Arbeit, und wie Du gleich erkennen wirst, auch für Dich und Euch auf der Erde.

In gewisser Weise tun wir uns hier leichter, da wir ja wissen, wer Ihr seid, woher Ihr kommt und welch einzigen Weg zurück Ihr irgendwann einmal finden werdet. Also, es gibt für Euch nur diesen einen Weg, aber Ihr könnt natürlich unendlich viele Umwege machen. Darin liegt auch Euer freier Wille. Niemand von uns kann Euch zwingen, den direktesten Weg einzuschlagen. Erwarten wir auch nicht. Nur, wenn die Abweichungen zu groß werden, wenn eine Orientierungslosigkeit sich zeigt, beginnen wir, die Hinweise etwas dichter zu setzen. Was noch lange nicht heißt, daß sie verstanden werden. Es ist eigenartig, aber Ihr laßt es fast immer darauf ankommen. Ihr geht bis an die Grenzen der Belastbarkeit Eures Körpers, und manchmal, sehr häufig – zu häufig – darüber hinaus. Was dann bleibt, ist eine Erinnerung, ein Mosaiksteinchen, für die nächstfolgende Inkarnation. In dieser arbeitet Ihr Euch dann schon früher an diesen Punkt „of no return“[1]) heran, erkennt ihn, und beginnt die Wende.

„Welcome in the club“[2]) pflege ich hier traditionsgemäß zu sagen. Ich liebe diesen Club der Erwachten und Erwachenden. Es ist schön, wie Ihr Euch den Schlaf der Unwissenheit

---

[1]) auf nimmer Wiederkehr.

[2]) Wir begrüßen Sie als Clubmitglied.

aus den Äuglein reibt und Euch reckt und streckt, das heißt, wie Ihr langsam in Bewegung kommt.

Es ist wie die Raupe, die sich in ihrem Kokon (= immer dichter werdende Lernsituationen) eingesponnen hat, um dann irgend einmal diese Barriere, diese Grenzen, zu sprengen, um sich als ein neues Wesen in eine neue Dimension des Seins zu entfalten. Du bist dabei, mein Freund, in die Dimension des Lichts durchzubrechen, und wir stehen, sozusagen als Geburtshelfer an Deiner Seite. Das ist wichtig für Dich zu wissen, um Dich, vor allem wenn es schwer wird, immer daran zu erinnern. Du bist nicht allein, und Du kannst und sollst sogar uns zu Deiner Hilfe anrufen. Anrufungen sind nicht nur in religiösen Schriften beschrieben. Wenn Du jemanden telefonisch anrufst, tust Du hier im Prinzip das gleiche.

Du wählst die Nummer, unter der Du ihn erreichen kannst, dort, wo er ist. In unserem Fall wählst Du die Kraft, die Qualität, derer Du gerade bedarfst.

Hast Du z. B. in einer Situation Angst, fehlt Dir also Vertrauen, Sicherheit, Freude, so wählst Du ganz einfach eine Wesenheit dieser Qualität. Selbstverständlich kannst Du Dich immer direkt an IHN wenden, das ist sogar für Dein wachsendes Vertrauen in diese Arbeit, in diese Kommunikation, sehr wichtig.

Du wirst aber sehr bald spüren, daß – durch die Technik des Heruntertransformierens – Du sozusagen einen unmittelbaren persönlichen Kontakt erhältst. Das ist dann das, was zu Dir „Hallo“ sagt. Du erinnerst Dich?! Natürlich ist es auch „ER“ (denn es gibt nichts, was nicht „ER“ wäre), aber in einer Form, die besser Deiner Energiequalität entspricht, um mit Dir direkt zu kommunizieren.

Leuchtet das ein? (Ich freu' mich über Eure schönen Worte und ihren Sinngehalt, wie hier z. B. leuchten und Licht).

Ob Du nun Engel sagst oder Wesen oder was auch immer – sobald Du an eine Kraft jenseits Deiner Grenzen denkst und die entsprechende Qualität dazu (z. B. Engel des Vertrauens oder Wesen der Freude), so hast Du sozusagen Deine Antennen in diese Richtung ausgefahren und empfängst das entsprechende Programm. Also hier Impulse des Vertrauens, Impulse der Freude.

Ist das Prinzip klar? Mit anderen Worten formuliert kannst Du auch sagen: Wohin Du Deine Aufmerksamkeit lenkst, von dort empfängst Du die Bilder, die entsprechenden Erlebnisse.

Wenn Du an das Gute glaubst (echt glaubst, und nicht nur glauben willst), nur dann bist Du offen dafür und kannst es in Deinem Erlebnisbereich aufnehmen. Wenn Du an das Schöne glaubst, nur dann. Wenn Du an die (wahre, reine) Liebe glaubst, nur dann ...

Wir haben hier lauter positive Aspekte angeführt. Üblicher ist leider der Glaube an Angst, Unsicherheit, Schwäche etc. etc. Nun ja, die Ergebnisse kennst Du.

Answering a private question in the meantime: the higher the quality you demand, the longer you have to work for it. It is the same, if you are satisfied to go by bycicle, or if you ask for a Rolls Royce. Our friend who asked only agrees with a Rolls Royce and now he is impatient about the delivery, even it is already announced. – It's less effort for me to use this language, but nevertheless I'll switch over.[1])

---

[1]) In Beantwortung einer privaten Frage in der Zwischenzeit:
Je höher die Qualität ist, die Du verlangst, desto länger hast Du dafür zu arbeiten. Es ist das gleiche, ob Du Dich mit einem Fahrrad zufrieden gibst oder ob Du einen Rolls-Royce verlangst. Unser fragender Freund gibt sich nur mit einem Rolls-Royce zufrieden. Und nun ist er ungeduldig über die bevorstehende Auslieferung, obwohl sie schon angekündigt wurde. – Es fällt mir leichter, diese Sprache zu benutzen, aber – sei's drum – ich schalte wieder um.

Natürlich handelte die obige Frage auch von Liebe, und natürlich strebt unser Freund die auf Erden höchstmögliche Qualität an. Das Problem für ihn ist nur seine Ungeduld. So wie ein kleines Kind alle fünf Minuten fragt: „Mami, wann bekomm‘ ich endlich mein Geburtstagsgeschenk?“ Und Mami halt mit „Engelsgeduld“ erklären muß, daß es erst morgen so weit ist. Natürlich sind für das Kind die Stunden bis morgen eine Ewigkeit, wir verstehen Euch. Dennoch gibt es nichts zu erwarten, für das die Zeit nicht reif ist, – mit anderen Worten – wofür Ihr nicht reif seid. Also, eine schönere, bessere Welt wird es erst dann geben, wenn Du, mein Freund, von Deinem Seelenbild her schöner und besser geworden bist. Wer hat hier „Kotz“ gedacht? Sorry, tut mir leid (pardon, das ist nur eine altgewohnte Floskel. Es tut mir gar nicht leid. Hier gibt‘s nichts zum Leidtun), das ist kosmisches Gesetz, und da fährt, wie Ihr sagen würdet, die Eisenbahn darüber, da gibt es keine Ausnahme, keine Änderung, da bin ich Luzifer (ist gleich unerbittlich, ist gleich gesetzmäßig in der Konsequenz).

Außerdem klar: Resonanz, Affinität, Spiegelung. Was soll sich denn im Äußeren spiegeln als das, was Du darstellst – in Deiner seelischen Schwingungsqualität? Mangel spiegelt Mangel. Und solltest Du ihn an Dir noch nicht oder nicht mehr erkennen, dann blicke in den Spiegel. Dafür ist er da.

Auch wenn es Dich schmerzt, mein Freund, in aller mitfühlender und verständnisaufbringender Liebe, aber SO IST ES.

Ein kleines Pflästerchen für Deine Seelenwunden darf ich Dir schon anbieten. Diese Spiegelung ist oft wie durch einen Rasierspiegel, der sehr stark vergrößert. Für den Normalgebrauch bist Du schon fast perfekt. Aber sagtest Du nicht irgendwann etwas leichtfertig (und zu unserer Freude, das muß ich schon sagen) „Just the best is good enough for me.“[1]) Bravo, bravo.

Aber an die Konsequenzen für Dich dürftest Du bei diesem lockeren Ausspruch nicht gedacht haben. Hier ist mit Geld leider nichts zu machen. Hier zählst nur Du (wir ehren Deine tiefe Betroffenheit). Bei diesem Ausflug in die irdischen Genüsse (schließlich sollst auch Du für Dich und die anderen ein – möglichst – reiner Genuß sein) vergiß eines nicht; es dient dazu – als Mittel zum Zweck – zum Ziel Deines Lebens –, einzukehren in Sein Reich – gesehen als eine Qualität –, der Du, als Voraussetzung, um einkehren zu können, zu entsprechen hast.

Resonanz, Affinität, Spiegelung.

Hier hilft kein Unterwürfigsein, kein Sich-nicht-würdig-Fühlen, keine Demut, kein ... All diese Dinge im mißverstandenen Sinn einer kriecherisch-ängstlichen Ergebenheit. Was soll sich da Gutes spiegeln?

Hier hilft nur Demut, im Sinne von mutig sein, an IHN zu glauben, mutig sein, zu vertrauen und zu lieben und zu geben und zu SEIN. Natürlich sind wir alle nicht würdig im Vergleich zu den Nächsthöheren. Aber in diesem Universum herrscht die Liebe, die bedingungslose Liebe, die sich schenkende Liebe.

O Gott, gib mir die Kraft, es Euch klarzumachen. Begreift es doch endlich – um Seiner Liebe willen. Seht Ihr denn nicht, wie hier ein Teil zum anderen paßt und sich in vollkommener Harmonie zu einem Ganzen fügt?!

Euer Werden ist ein Sich-Entwickeln in dieses Ganze hinein. Es ist ein Prozeß des Loslassens, des Loslassens von Wün-

---

[1]) Das Beste ist gerade gut genug für mich.

schen, Sorgen, Ängsten, hinein in die Erkenntnis des Seins, des ICH BIN. ER IST, WIR SIND und IHR SEID.

Gut, gut, mit Worten ist hier nichts zu begreifen, es ist zu schwierig. Laßt uns eine **Übung** machen.

Augen schließen, umschalten, ruhig atmen, Aufmerksamkeit nach innen, ganz tief hinein, tief in Euer Herz, jetzt dieses Licht wahrnehmen. DANKE. Und nun denkt beim Einatmen „ich bin", und beim Ausatmen fühlt es. Dabei fühlt eine noch deutlichere Lichtwahrnehmung. Macht es einige Zeit, ganz einfach so lange, wie Ihr Lust dazu habt.

Nun kombiniert beide Erfahrungen. Euer Denken „ich bin" und unsere Antwort „das Licht". Siehst Du, so können wir einander begegnen, Du von Deiner Seite, wir von unserer Seite, Treffpunkt: Dein spirituelles Sein. Diese Geistigkeit ist unser gemeinsamer Berührungspunkt. Und was ist denn Liebe anderes als ein geistiges Erleben?

Ihr liebt ja auch nicht das rein Materielle (soweit es das überhaupt gibt), sondern seinen geistigen Ausdruck als Symbol für eine bestimmte Qualität. Daß Ihr den geistigen Ausdruck (in materieller Form) für diese Qualität liebt, daß Ihr damit in Berührung gekommen seid, zeigt wieder ... was?

Ja, Spiegelung – Eure Sehnsucht nach Vervollkommnung dieser Qualität in Euch. Desillusionierung der Romantik der Liebe? Ja, aber was heißt denn Illusion anderes als Täuschung? Sei dankbar, der Wahrheit ein Stück näher gekommen zu sein. Ich weiß, daß Du dieses „sei dankbar" als pure Provokation auffaßt. Ich kann es auch, von Deinem Standpunkt aus gesehen, voll verstehen. Wir lieben (liebten) alle unsere Illusionen, weil wir mit ihnen so schön bequem leben können. „Schuld" haben da immer nur die anderen, wenn sie uns unsere Illusionen rauben, die Bösen.

Ich freue mich, daß Dir durch unser Zusammensein dieser letzte Satz nun auch schon sehr vordergründig banal erscheint. Danke, mein Freund.

Du siehst, wir machen Fortschritte, aber es braucht Zeit. Veränderungen in der Materie – und da gehört bis zu einem gewissen Grad auch Eure Geistigkeit dazu – brauchen Zeit. Zeit ist eng an Materie geknüpft. Wo keine Materie, dort keine Zeit – und natürlich auch kein Ort (in Eurem Sinne). Daher auch die Sinnlosigkeit der Frage, wo die Seelen denn sind, wenn sie nicht inkarniert sind, und ähnlicher Fragen. SIE SIND – und damit hört die Bestimmungsmöglichkeit mit Worten auf. Alle weiteren Versuche, hier Begriffe und Einteilungen zu finden, sind schon von der Absicht her zum Scheitern verurteilt und lenken ausschließlich vom Wesentlichen ab. Das Wesentliche liegt außerhalb Eurer Grenzen und kann von Euch willentlich nicht erfaßt werden. Einzige Möglichkeit: Eure Bereitschaft, Eure Offenheit, Euer Vertrauen, es Euch schenken zu lassen.

Beginnen wir ein neues Kapitel? Ich möchte, aus meiner persönlichen Anteilnahme an Deinem Lernprozeß, Dir helfen, Dein Leiden zu lindern.

DAS LEID UND SEINE LINDERUNG

Wir sprachen über den Zusammenhang bzw. eigentlich Nichtzusammenhang zwischen Liebe und Leid. Wenn Du etwas liebst und es nicht bekommen kannst, so leidest Du. Stimmt‘s? Wie müßte der Satz, aus kosmischer Sicht gesehen, richtig lauten?

Wenn ich etwas haben will, weil es in mir ein Mangel ist

(denke dabei an den Symbolgehalt der Dinge), und ich es nicht bekomme (sofort und augenblicklich), so leide ich.

Wie gefällt Dir dieser Satz? Bin ich richtig in der Annahme: so gut wie überhaupt nicht?!

So muß es sein, ich meine, aus Deiner Sicht. Die Geschichte hat so gut wie überhaupt nichts mit Liebe zu tun. Und das schmerzt natürlich. „Liebe“ ist eine so schöne Rechtfertigung für ‚haben wollen‘. „Ich liebe Dich“, und daraus fertige ich mir das Recht, Dir zu sagen, was ich nun von Dir erwarte, und wenn Du es nicht tust, so leide ich, und Du bist schuld daran. Wenn ich leide, hast Du – hoffentlich – ein schlechtes Gewissen und vielleicht sogar Schuldgefühle, das wäre natürlich das Schönste. Ergreift Dich das blanke Entsetzen über diese so glasklaren und scheinbar logischen Schlußfolgerungen? Aber so ist es doch, bei Euch.

Also, was ist dieses Leid? Doch nichts anderes als Ausdruck der Bedürftigkeit, des Mangels und die Projektion der Verantwortung, diesen Mangel zu beseitigen, nach außen.

Schluchzen die Hinterbliebenen am offenen Grab: Warum hast du uns verlassen, und denken: Wer wird sich jetzt um uns kümmern und für uns da sein? Verzeih‘, wenn ich pietät- und gefühllos erscheine, aber so ist es.

Liebe wäre (bzw.: ist), dem anderen seinen Übergang zu gönnen und ihn von der irdischen Verantwortung zu befreien, indem wir ihn in diesem Vorgang mit unserer segnenden Liebe unterstützen.

Er tut sich eh schwer genug und wäre für unsere unterstützende Hilfe sehr dankbar, statt ihn noch zusätzlich zu belasten.

Gut, gut, Du meinst, ich soll nicht so hart sein und so sehr auf Deinen Schwächen herumtrampeln. Einverstanden, aber habe die Freundlichkeit, sie Dir einzugestehen und bewußtzumachen.

Um diesen Punkt kommst Du mir nicht herum.

Da haben wir beide keine Chance.

Freund Luzifer, in aller Liebe, wartet nur darauf, Dir in hilfreichster Absicht einige bewußtseinsfördernde Situationen zu präsentieren.

Komm, sei vernünftig und laß es nicht darauf ankommen. Sich selber einzugestehen, daß man dies oder jenes an Schwächen hat, ist doch weitaus angenehmer, als es sich von jemand anderem sagen oder zeigen zu lassen.

Also beginn mit der Aufzählung der Schwächen, am besten gleich von A – Z.

Protest?

Nein, mein Freund, alle Schwächen sind noch in Dir. Allerdings in sehr unterschiedlicher Graduierung. Selbstverständlich bist Du kein ..., aber im Ansatz, in gewissen Situationen, unter entsprechenden, selbstverständlich ganz extremen Umständen, wäre es dann nicht doch möglich, daß Du ...

Danke für Deine – wenn auch zögernde – Offenheit. Aber schau, die Erkenntnis, daß jeder von Euch die gleichen Mischungsbestandteile (in den Qualitäten) beinhaltet, nur in verschiedenen Quantitäten, hilft Dir doch, mit allem in Harmonie zu kommen.

Du brauchst nichts mehr abzulehnen im Glauben, das bin ich nicht, wenn Du erkannt hast, daß auch diese Qualität (oder eben Nichtqualität) in Dir (prinzipell) vorhanden ist.

Das erspart Dir, gegen gewisse Zustände auf der Erde zu protestieren, und zeigt Dir, als ein Bild mit Informationsgehalt, die Aufforderung, die für Dich wichtig ist. Es zeigt Dir eine Aufforderung. Diese ist für Dich da, wird sozusagen für Dich gespielt.

Wie Du siehst, wir scheuen keinen Aufwand, unsere Informationen „über die Bühne zu bringen“, und diese Bühne ist die ganze Welt mit all ihrer Schönheit und all ihren Möglichkeiten des Leidens.

Dieses Leiden ist als Lerninformation nicht grundsätzlich vermeidbar, aber es kann grundsätzlich so stark gemildert werden, daß es als solches nicht mehr empfunden wird. Wodurch? Durch Erkennen, nur durch Erkennen!

Mensch, erkenne Dich selbst. Erkenne Dein Selbst. Verstehe Deine göttliche Natur. Verstehe den Sinn und die Aufgabe Deines Seins auf diesem Planeten. Wenn Du verstehst, erkennst, durchschaust, verliert die Information (eine Situation) ihren Leidenscharakter, und Du kannst vielleicht sogar über Deine Reaktion in dieser Situation lächeln. Habe Verständnis für Dich und Deine Schwächen, sei tolerant zu Dir, und gestehe Dir Deine Unvollkommenheit zu. Dazu bist Du ja hier. Und solange Du hier bist, ist es ein Zeichen dafür, daß Du unvollkommen bist, und es auch sein darfst. Nur, dabei stehenbleiben sollst Du nicht. Einverstanden?!

Ein Kind wird in seinem Kindsein geliebt, nur wird erwartet, daß es sich weiter entwickelt. Ein Dreißigjähriger, der nach wie vor Windeln braucht, ist nicht ganz das, was man sich unter zu erwartender Entwicklung vorstellt. Bei Euch wie bei uns. Nur sind wir hier viel toleranter und geduldiger, als Ihr es je sein könntet. Aber seid nicht allzu lax im Bemühen um Eure spirituelle Entwicklung. Freund Luzifer scheut keine Mühe, Euch behilflich zu sein. Doch es geht auch sehr gut ohne seine direkte Hilfe, eine kleine zarte Andeutung müßte genügen.

Selbst wenn es einmal „eins aufs Aug'" ist, nicht wahr, mein Freund? Der kleine Schmerz tat seine Wirkung, und Dir und uns war geholfen. Du hast Dir vermeidbare Unannehmlichkeiten erspart und wir uns die Arbeit, sie Dir zu bereiten.

Schließlich geht es uns nur und ausschließlich um den Fortschritt in Deinem Erkennen, in Deinem Bewußtwerden.

Wie kannst Du nun in einer konkreten Situation beginnendes Leiden lindern bzw. vermeiden, daß es eskaliert?

Das erste ist: Erkennen! Ich beginne Leid zu empfinden, weil mir in dieser bestimmten Situation mein Mangel, meine Sehnsucht nach ..., bewußt wird. Jetzt ist es sehr hilfreich, diesen Mangel, diese Sehnsucht, aus dem Symbolgehalt der Situation her zu definieren.

Also, in welcher Situation begann ich, diese Sehnsucht zu fühlen? Und, was sagt mir diese Sehnsucht über mich selbst?

Unter welchen Umständen hätte ich diese Sehnsucht nicht? Wenn ich was bekommen würde?

So unverständlich es Dir erscheinen mag, genau das ist es, was Du lernen sollst zu geben. Wenn Du den Eindruck hast, daß Du das schon gibst, dann sollst Du lernen, es noch freier, noch inniger, noch selbstloser zu geben.

Und da mangelt es doch noch ein bißchen, oder?

Gibst Du so ganz bedingungslos, so ganz aus dem Bewußtsein der Fülle? Siehst Du, das ist es.

Hier ist eine durchaus vorhandene Qualität noch entwicklungsfähig, und Du hast Dich entschlossen, diese Qualität zu entwickeln. Warum? Wo Du mit Dir soweit recht zufrieden warst? Ja, Du mit Dir vielleicht, aber mit den anderen warst Du nicht zufrieden. Die könnten ruhig etwas freier, inniger, selbstloser für Dich da sein.

Fast hätt' ich jetzt „ätsch" gesagt. Jedenfalls hast Du Dich, um hier ein Bild zu gebrauchen, in der eigenen Falle gefangen, Du hast Dich mit Deinen eigenen Anforderungen, Wünschen, Sehnsüchten konfrontiert. Erkennst Du die Spiegelung, erkennst Du den Aufforderungscharakter an Dich, Deine Qualität zu verbessern?!

Peinlich, peinlich. Erhol Dich von dem Schock, mein Freund, und sei getrost, jede Erkenntnis dieser Art ist ein kleiner Schock.

Nun geht's schon wieder. Bist Du wieder aufnahmebereit? Hier ist also die Erkenntnis des (unseres) Mangels.

Was kannst Du nun mit dieser Erkenntnis anfangen, um dieses unangenehme Gefühl, das damit verbunden ist, möglichst rasch wieder loszuwerden? Verbinde Dich mit der fehlenden Qualität. Wie? – In der schon bekannten Weise, mit der schon bekannten **Übung**.

Schließe die Augen, atme ganz tief und ruhig und lasse los all Deine Gedanken, Gefühle und Vorstellungen, lasse sie los und sinke tief in Dein wahres Selbst, nimm jetzt Kontakt mit dem Licht auf und denke beim Einatmen: Ich bin Eins mit ... und hier die gewünschte Qualität. Das heißt, durch das bewußte Lenken Deiner Aufmerksamkeit verbindest Du dich mit der Qualität, nach der Du Dich sehnst, verbindest Du Dich mit der Kraft, deren Mangel zur Zeit die entsprechenden Bilder in Deiner Erlebniswelt gestaltet.

Du veränderst den Mangel durch konsequentes Üben im Laufe der Zeit in eine Qualität und erreichst dadurch die entsprechenden Veränderungen in der Außenwelt. Hier ist wichtig festzuhalten, erstens: konsequentes Üben, und zweitens: im Laufe der Zeit. Du erinnerst Dich, Veränderungen in der Materie beanspruchen Zeit und bedürfen einer dieser Veränderungsrichtung entsprechenden Qualität in der Energiezufuhr.

Wir kommen hier zu dem Begriff: **energetisches Arbeiten.** Das ist das Gestalten einer Vorstellung, eines Wunsches, eines Zieles mit entsprechender Aufmerksamkeitsenergie, es ist ganz einfach Glaube. Aber dieser Glaube kommt nicht aus dem Kopf, ich möchte so gern glauben, sondern aus dem Herzen, ich bin dieser Glaube, ich bin diese Überzeugung. Felsenfest, stur, unbeirrbar. Das wirkt, das gibt die entsprechende Resonanz, Affinität, Spiegelung.

Denke hier wieder an das Beispiel mit den zwei Klavieren, es ist dafür sehr anschaulich.

Ich verstehe sehr gut Deine Frage: Was ist? – wenn Du so richtig fest drinnen steckst im Leid, in der Depression. Pression ist Druck, Depression ist Druck-(Kraft-)-losigkeit. Wie kommst Du aus diesem Zustand wieder zu Druck (den wir hier, zur Anschaulichkeit mit Kraft gleichsetzen)? Durch Pumpen, mein Freund, durch Pumpen. Wenn Du eine große Ballonhülle zum Aufpumpen hast, so fängst Du auch einmal zu pumpen an (ist gleich: Luft hineinbringen, ist gleich in unserem Beispiel: Kraft hineinbringen) und pumpst und pumpst, und wenn Du nach geraumer Zeit aufblickst, siehst Du, daß Du so gut wie noch gar nichts siehst. Eh klar, beim Ballonaufpumpen weißt Du, daß Du etliche Zeit fest arbeiten mußt, um überhaupt die Spur eines Erfolges zu bemerken. Genau so ist es in einer Depression bzw. in einer depressiven Phase Deines Lebens.

Du mußt ziemlich lange Zeit fest an Energiezufuhr arbeiten, um die Spur eines Erfolges zu bemerken. Aber gerade in einer (solchen) Phase fällt es Dir besonders schwer. Mit welcher Energie sollst Du arbeiten, wenn keine da ist?

Um sich wie weiland Münchhausen am eigenen Schopf aus dem Schlamassel ziehen zu können, muß man schon ein Lügenbaron sein. Welche Möglichkeiten hast Du, mein Freund, oder einer von Euch? Zweierlei, einmal: Hilfe von außerhalb anfordern, Anruf genügt, und zweitens: die aufgrund Deines ungünstigen Resonanzverhaltens nur zögernd strömende Kraft durch Deinen Glauben zu verstärken.

Wie glauben in dieser Situation? Hier wird sozusagen ein verbales Bemühen (hinter dem aus begreiflichen Gründen noch keine Überzeugung, noch keine Kraft stecken kann), bevorschussender Weise anerkannt und unterstützt. So beginnt ein wechselseitiges Hochschaukeln: Du rufst an, wir können (dadurch) einen Impuls schicken. Diesen Impuls nimmst Du auf, ein Hoffnungsschimmer erwacht. Dadurch hast Du einen Grund, noch intensiver anzurufen. Das gibt uns die Möglichkeit, einen intensiveren Impuls zu schicken, und so fort.

Um vom Punkt Null wegzukommen, ist hier der Spruch des französischen Apothekers Emile Coué vorteilhaft. Sein „Es geht mir mit jedem Tag in jeder Hinsicht immer besser und besser“ beinhaltet keinerlei Qualitätsvorgabe, die Du in diesem Zustand als nicht existent und somit als Lüge ablehnen müßtest. Zu behaupten: **„Ich bin von unendlicher Liebe, Harmonie und Freude durchströmt“** ist – philosophisch gesehen – absolut korrekt und würde auch die richtige Resonanz hervorrufen, allerdings nur, wenn Du es glauben könntest.

Kannst Du in dem Zustand aber nicht. Daß es Dir mit jedem Tag besser gehen könnte, ist nicht auszuschließen, vor allem wenn man die Ansprüche hier sehr tief herunterschraubt, und dadurch ist es glaubhafter. Das ist auch im Moment das einzige, das zählt: Was kann ich glauben.

Also hämmere Dir diesen Spruch in Deine Gedanken und forme sie damit. Du weißt, man kann immer nur an eine Sache denken. Bevor Du also was anderes denkst, denk lieber, daß es Dir mit jedem Tag in jeder Hinsicht immer besser und besser geht. Fällt es Dir sogar zu schwer, diesen Satz wiederholt zu lesen und auszusprechen, so schreib ihn täglich 100 mal. Wenn es Dir dann über ist, dann geht es Dir tatsächlich schon besser, und Du kannst langsam, gemeinsam mit uns, zu philosophisch anspruchsvolleren Übungen wechseln.

Da sind vor allem die Identifikationsübungen, die alle mit: „ich bin" beginnen und einen positiv energetischen Zustand ansprechen.

Ansprechen und Dich damit in Berührung bringen. Außerdem versuche, soviel wie möglich Gutes, Hilfreiches zu tun, aber nicht, um aus der gleichen Richtung Dankbarkeit zu ernten, auf die Du womöglich auch noch wartest.

Tu es einfach aus Freude am Tun, oder zumindest als Ablenkung. Dann funktioniert es, und Du wirst von unerwarteter Seite Dein Echo bekommen – was Dich um so mehr freut, weil Du dorthin ja gar nichts gegeben hast und Du Deine positive Resonanz um Deiner selbst willen bekommst und nicht im Zuge eines Gegengeschäftes.

Die Seite, zu der Du berechtigte Erwartungen haben könntest, wird sich bewußt noch zurückhalten, Dir ein positives Echo zu geben. Laß Dich dadurch nicht irritieren und fahre fort, auch dorthin Dein Gutes zu geben. Fahre so lange fort, bis auch diese Seite einfach nicht mehr kann, als Dir ein, wenn auch noch so kleines Echo zu geben. Vergiß nicht, daß das zum kosmischen Spiel der wechselseitigen Lehrer/Schülerfunktion dazugehört. Laß Dich sozusagen nicht drankriegen.

Bei all dem respektiere Deine Grenzen der Leistungskapazität. Überfordere Dich nicht, sonst gerätst Du in den Zwang, etwas zurückbekommen zu müssen, und dann hast Du, zumindest diese Runde in dem Spiel, verloren.

Was im Grunde kein Malheur ist. Erkenne es einfach und nimm Dir vor, es bei der nächsten Gelegenheit, bei der nächsten Chance, besser zu machen.

Und sei nett zu Dir. Wenn es schon niemand der Mühe wert findet, zu Dir nett zu sein, so finde es wenigstens Du der Mühe wert.

Wenn nicht Du, wer sollte denn damit beginnen? Du meinst der/die andere? Da wartest Du vergebens, mein Freund –, kosmisches Gesetz, Resonanz, Spiegelung. Na, Du weißt schon. Be your best friend[1]) auf den kannst Du Dich wenigstens verlassen (hoffentlich). Und wenn etwas nicht funktioniert, wie es sollte, kannst Du Dich gleich bei Dir beschweren.

Mei is‘ des praktisch. (Das ist nicht exotisch, sondern nur Mundart, und soll die Volkstümlichkeit dieser Erkenntnis unterstreichen.)

Gefällt‘s Dir? Oder gefällt‘s Dir nicht? Egal, so ist es.

Du merkst, bei aller Liebe zu Euch, bei allem Verständnis, bei kosmischen Gesetzen gibt es nur ein lakonisches: so ist es. Es wäre gut, Du könntest Dich daran gewöhnen. Ganz abgesehen, daß Du bzw. Ihr à la longue[2]) nicht darum her-

---

[1]) Sei dein bester Freund.

[2]) auf die Dauer.

umkommt. Und je früher eine Erkenntnis erfolgt, desto angenehmer kann sie übermittelt werden. Es ist wie in der Schule: der im Stoff etwas voraus ist, macht bei den Lehrern den besten Eindruck und hat das angenehmste Leben.

Der, der immer etwas hinten ist, macht permanent einen schlechten Eindruck, und wird von den Lehrern dementsprechend behandelt.

Somit, liebe Kinder, bitte ich Euch, legt ein wenig Zunder drauf, und laßt Euch nicht immer so antreiben. Jeder Lehrer hat gern eifrige Schüler und haßt es im Grunde, strafen zu müßen. Lernen soll doch Freude machen. Eigentlich wäre ich als Schullehrer auf Erden auch nicht schlecht. Ich glaube, die Kinder würden mich mögen. Noja, die Praxis der „letzten Zeit" macht sich bemerkbar. I send you all a big loving smile.[1])

Logisch, daß Ihr mein Lächeln nicht sehen könnt, weil es ein energetischer Zustand ist. Aber ich kann es Euch als Energieimpuls senden.

Ich möchte noch gerne auf einen grundlegenden und häufig gemachten Fehler beim Erkennen des Mangels in einer Situation eingehen. Also zu antworten: Der Mangel in der Situation ist, daß er oder sie nicht genug lieb zu mir sind, zuwenig Verständnis haben oder ähnliches. Dies ist schlicht und einfach ein Delegieren von Schuld vom Standpunkt: ich, der ach so Gute und Liebe, und die Bösen anderen. Sorry, so funktioniert es nicht. Was fehlt dem anderen, daß er sich so verhält, an welcher Qualität mangelt es?

Fehlt es an Kraft, Einsicht, Vertrauen, Stärke, Geduld usw? Das ist dann die Spiegelung von dem, was mir fehlt.

---

[1]) Ich werfe Euch allen ein breites liebevolles Lächeln zu.

Ihr wollt's ja nicht unbedingt verraten, und vielleicht (sicher sogar) hast Du es bereits selbst erkannt. Natürlich ist es immer ein Mangel an Liebe. Aber diese Liebe, bzw. dieses Liebenkönnen, hat einfach Voraussetzungen, die eine Ebene tiefer liegen. Und diese Voraussetzungen, wie die konkrete Erfahrung der Kraft, der Einsicht, des Vertrauens, der Stärke, der Geduld usw. sind praktisch besser erfaßbar. Ich kann mehr damit anfangen, im Sinne einer praktischen Übung, wenn ich weiß, mir fehlt z.B. Vertrauen.

Dann mache ich einfach die Identifikationsübung: Ich bin Vertrauen, oder von Vertrauen durchströmt, unendliches, strahlendes Vertrauen, – und was auch immer Dir in den Sinn kommen mag und dadurch für Dich Bedeutung hat. Natürlich ist es Liebe, wie alles Liebe ist. Aber der Gehalt dieses Begriffes ist auf Erden ja Gegenstand der Übung, und somit noch lange nicht erfaßt.

Eigentlich solltest Du hier eine Pause machen von einigen Wochen (Monaten) und üben, üben, üben. Wenn Du diese Dinge nicht bei jeder sich ergebenden Gelegenheit anwendest, war es total umsonst, daß Du es gelesen hast. Unter uns – und bitte verrate mich nicht – es widerspricht so sehr dem Grundsatz der universellen bedingungslosen Liebe: Ich mag Leute nicht besonders, die nur darüber reden und die Mühe scheuen, etwas zu tun.

Ja, Du hast ja Recht, die wissen es noch nicht besser. Aber wahrscheinlich erinnert es mich zu sehr an mein so langes unbewußt Unwissend-Sein, und in Wirklichkeit ärgere ich mich über meine Vergangenheit. Siehst Du, jetzt hast Du mich ertappt. Das war doch ein klarer Fall des Versuches von Schuldprojektion, somit ein klarer Fall von Spiegelung. Ich freue mich über Deinen Fortschritt und gratuliere Dir auf das Herzlichste.

Sprechen wir über

VERANTWORTUNG

Vor einiger Zeit erzählte ich Dir, wie wichtig es sei, daß Du auf Dich schaust, auf das Wachsen Deiner Qualität, sozusagen eine Art von Egoismus pflegst. Jetzt vermutest Du, nicht ganz zu Unrecht, daß ich Dir das Gegenteil klarmachen will. Das ist falsch und richtig zugleich. Wie Du ja schon inzwischen weißt, existieren Gegensätze nur bei Euch. So auch hier. Für Dich verständlicher ist die Formulierung einer Voraussetzung. Wie die Dunkelheit für Euch die Voraussetzung zur Erkenntnis des Lichts ist – denke hier auch an unseren „Lichtträger" –, **so ist Dein** (scheinbarer und nur vorübergehend dominanter) **Egoismus die unabdingbare Voraussetzung dafür, Verantwortung übernehmen zu können.**

Ist doch selbstverständlich: wo keine Kapazität, da keine Möglichkeit. Daher ist es so wichtig, daß Du am Anfang vor allem auf Dich schaust, das heißt, auf die Möglichkeiten Deines Wachstums.

Du kannst nur das geben, was Du darstellst, und es ist doch nicht Deine Absicht, untermittelmäßige Durchschnittlichkeit zu geben. Das grenzt doch glatt an Umweltverschmutzung, pardon, aber so ist es doch.

Ich setze nun eine ernste Miene auf, erhebe mich zu eindrucksvoller Größe und spreche mit feierlicher Stimme zu Dir: Erhebe Dich mein Freund (ich meine das natürlich nur geistig, bleib also ruhig sitzen oder liegen), und sei Dir bewußt, daß Du in diesem Augenblick voll in die Verantwortung eintrittst. Es hat sich Dir eine Tür aufgetan, durch die

Du geschritten bist. Du bist nicht mehr, der Du warst, es gibt kein Zurück mehr in den Zustand der Unwissenheit. Von nun an bist Du ein Erwachsener und stehst in der vollen bewußten Verantwortung Deines Tuns. Du bist nun Schüler des Allerhöchsten. Erweise Dich würdig.

Erschrocken? Einmal mußte es so weit kommen. Sei willkommen, mein Freund, hier beginnt unsere volle, uneingeschränkte Zusammenarbeit. Du hast Dich bereit erklärt, ohne weitere Umwege den direkten, den steilen Weg zu gehen. Damit hast Du das Anrecht auf unsere unmittelbare und direkte Hilfe erworben, und Du wirst lernen, sie zu erkennen. Du wirst Menschen begegnen, die Dir in unserem Auftrag zur Seite stehen und Dir über schwierige Phasen Deines Weges hinweghelfen. Nimm diese Hilfe an, sie ist ein Geschenk von uns und beinhaltet keinerlei Verpflichtung diesen Menschen gegenüber.

Von nun an wirst Du bewußter die Symbolsprache des Lebens erkennen und unsere Informationen und Hinweise klarer aufnehmen. Du wirst sensibler werden für die Qualität des Lichts und wirst lernen zu unterscheiden zwischen gut und förderlich und nicht mehr notwendigen Lernerfahrungen. Du wirst schon am Anfang bestimmter Situationen ihren Ablauf klar erkennen und daraus entscheiden können: Will ich diese Erfahrung noch einmal machen, oder brauche ich sie nicht mehr? Freund Luzifer reicht Dir hocherfreut die Hand, um Dir zu dieser Einsicht zu gratulieren. Du bist nun nicht mehr ausschließlich ein Kind der Erde. Deine Verbindung zu uns weist Dich bereits als ein in Entwicklung befindlicher Schmetterling aus.

Verantwortung. Du bist nun ein immer bewußter werdender, verantwortlicher Teil dieses Universums und mußt/sollst lernen, unsere Arbeitsweise anzuwenden.

Ja, in Deinem Bereich sollst Du wie ein Wesen des Lichtes agieren: bedingungslose Liebe zu geben, grenzenloses Vertrauen zu zeigen.

Also, Dein Aufstöhnen war bis in den letzten Winkel unseres Universums gedrungen. Aber, aber, was glaubst Du denn von uns? Grenzenloses Vertrauen, mein Freund, wie Du uns – so wir Dir, ist doch das mindeste, was Du in Deiner neuen Rolle erwarten kannst. Unsere grenzenlose Toleranz hast Du, solange Du Dich ernsthaft bemühst, sonst ...

Freund Luzifer droht schelmisch mit dem Finger. Gut, gut, wir werden ihn sicher nicht bemühen müssen.

Du bist nun ein verantwortlicher Teil des Universums, und es ist ab sofort Deine Aufgabe, in jede Situation das Fehlende einzubringen. Unter uns können wir jetzt ohne Umschweife sprechen. Du mußt lernen, so stark in Deiner Liebe zu sein, daß Du – immer und unter allen Umständen – liebevoll sein und Liebe geben kannst.

Noch einmal zur Klarstellung: Liebe als eine harmonische, verstehende, segnende Energieform. Segnend im Sinne von: den Mangel erkennen und ihn verständnisvoll, harmonisch und bedingungslos schenkend erfüllen. Der Regen segnet die Erde mit Wasser, die Sonne segnet die Erde mit Licht, ein Mensch segnet Dich mit seinem liebevollen Lächeln, etc.

Hab keine Angst vor der Größe der Aufgabe, sie ist nicht zu erfüllen im Sinne von abschließen. Du kannst nur Deinen Teil tun in den Situationen, die Dir begegnen, denn die sind für Dich da, sind Deine Lernaufforderung, in diesen Situationen bist Du der Schüler, der sich zu bewähren hat. Der, den Du mit Deiner Liebe segnen sollst, der, den Du in dieser Situation so mangelhaft empfindest, der ist hier Dein

Lehrer. Vergiß das nie. Es sind verschiedene Ebenen der Betrachtungsweise. Dein Standpunkt ist, wo er ist, aber die Ebenen sind unterschiedlich.

An der Größe dieser Aufgabe erkennt Du, wie wichtig es ist, daß Du weiter an Dir arbeitest, daß Du überhaupt arbeitest, intensiv arbeitest. Denn das, was Du scheinbar für jemand anderen tust, tust Du in Wirklichkeit für Dich. Du profitierst primär davon, wenn Du Liebe gibst. In diesem Zustand bist du bewußt und intensiv voll Liebe, und es tut Dir am meisten gut. Verstehst Du nun, wie schädlich es (für Dich) ist, über jemanden negativ zu denken, ihm negative Gedanken zu senden, mit (scheinbar oder tatsächlich) negativen Erscheinungsformen in Resonanz zu gehen? Du schädigst, disharmonierst Deinen Körper, eigentlich und richtiger Deine Körper, denn Du hast auch nichtmaterielle körperliche Formen.

Es ist schön, die Veränderung, die in Dir vorgeht, zu beobachten. I like to work with you, my friend.[1])

Wie spielt sich nun unsere Zusammenarbeit im Konkreten ab?

Also neues Kapitel:

DIE ZUSAMMENARBEIT

Der wichtigste Aspekt für Dich, um in diese Kommunikation zu integrieren, ist Deine Vorstellung vom Zufall, vom Schicksal, vom Leben. Definierst Du Zufall nach wie vor im Sinne von zufällig wie ‚ohne Sinn', ‚nicht gesetzmäßig her-

[1]) Mir gefällt es, mit Dir, mein Freund, zu arbeiten.

vorgerufen', ,unbeabsichtigt', so liegst Du natürlich völlig falsch. Was wir bei Dir schon lange nicht mehr annehmen. Definierst Du hingegen ,Zufall' im Sinne von: es kann mir nur zufallen, wenn ... es für mich wichtig ist, daher für mich gut ist, weil es für mich eine Information beinhaltet, eine Lernaufforderung darstellt, mir hilft, besser, stärker, lichter, einsichtsvoller, bewußter zu werden, dann, mein Freund, Hut ab.

Es ist interessant, wie man diese Redewendungen beibehält, obwohl ich doch schon lange keine Hüte mehr trage ...

Lustige Vorstellung: ich mit Hut. Ihr würdet nur einen Hut sehen. Also aufgepaßt, wenn Ihr das nächste Mal einen Hut seht, ich steh' darunter (little twinkle in my eyes).[1]

Zufall. Achte auf jede Kleinigkeit, in der nächsten Zeit ganz besonders, und übe Dich darin, sie in ihrer Qualität, in ihrem Aufforderungscharakter, zu interpretieren. Und komme dieser Aufforderung nach Möglichkeit ganz bewußt nach.

Wie kannst Du nun lernen, diese Information möglichst klar und unmißverständlich zu erkennen?

Frage Dich ganz einfach, was Dich an dieser Situation stört. Woran mangelt es in dieser Situation, welchen Mangel wirfst Du den darin handelnden Personen vor? Sie sollten was – mehr sein oder überhaupt sein? Beschreibe das möglichst deutlich, das ist der erste Schritt, das ist die Erkenntnis der Spiegelung.

Der zweite Schritt besteht darin, zu erkennen, was die Ursache, der Mangel dieses Verhaltens ist. Also hier fehlt der betrachteten Person ... (hier folgt die Beschreibung der

---

[1]) Mit einem Augenzwinkern.

fehlenden Qualität). Nun ja, das ist die Information – über Dich, Deine Lernaufforderung.

Das Interessante daran ist die Tatsache, daß es – oberflächlich betrachtet – gar nicht zutrifft. Jeder hält Dich sowieso für ...

(hier folgt die positive Formulierung der oben angeführten fehlenden Qualität). Wie kommt das? Das ist eine Qualität, die Du vorgibst zu haben, Du spielst es, ganz gut sogar, und für den Normalfall reicht es aus, völlig aus: Aber ... es ist nicht durch und durch echt. Tief in Deinem Herzen – und nur Du weißt, daß es gar nicht so tief ist – sitzt dieser eigene Zweifel an Dir. Den Du, wie gesagt, sehr glaubhaft kaschierst; aber eben nur kaschierst.

Nun ist die Beseitigung dieses Mangels, dieser Schwäche, im Ablauf Deiner Entwicklung der notwendige, der erforderliche nächste Schritt, Voraussetzung für den folgenden Schritt. Deshalb wirst Du darauf hingewiesen.

Es ist sozusagen eine Entwicklung in eine höhere Qualität hinein, ein Prozeß der Vervollkommnung. Um diesen so wichtigen Punkt nicht oberflächlich zu überlesen, bringen wir Dir einige einfache Beispiele aus dem Alltag.

A) Jemand agiert aufgeregt, nervös, disharmonisch.

B) Dich stört, daß hier jemand aufgeregt, nervös, disharmonisch ist.

C) Spiegelung: mich stört an mir, daß ich – gelegentlich den Hauch einer Tendenz habe, unter sehr extremen Situationen selbstverständlich nur und auch da kaum ansatzweise, weil ich ja normalerweise ... (sowieso und überhaupt) aufgeregt, nervös und disharmonisch bin. Das muß im Äußeren nicht unbedingt zur Wirkung kommen, aber ich habe es als ein deutliches Gefühl in meinem Herzen. Deshalb, damit ich darauf achte und ich nicht vergesse, diesen Mangel, diese Schwäche zu beseitigen bzw. diese in ihrer Entfaltung noch nicht vollkommene Qualität weiter zu entfalten, zu stärken, zu fördern, habe ich diese Spiegelung.

D) Was ist die Ursache dieses Verhaltens? Jetzt bitte nicht den äußeren Anlaß nehmen; das wäre schlicht und einfach wieder Delegieren von Schuld. Stelle hier die Kontrollfrage: Und wenn die Person mehr von dieser oder jener Qualität hätte, würde sie sich dann ebenso verhalten haben? Hätte diese Person also mehr von der Qualität tiefer Ruhe, Selbstsicherheit und persönlicher Harmonie, wäre es dann das gleiche Verhalten gewesen? Annahme ist immer die gleiche äußere Situation. Also nein, natürlich nicht. Es wäre hier nicht zu einem Resonanzfall, zu einer Affinität, zu einer Spiegelung gekommen. Man hat reagiert, weil es der Zufall so wollte.

E) Was ist nun die Information über Dich? Als Freund benütze ich hier nun eine, meiner Meinung nach besonders schonende und liebenswürdige Formulierung: Also, Deine Eigenschaften bezüglich der Qualitäten Ruhe, Selbstsicherheit und persönlicher Harmonie bieten bis zum absoluten Erreichen der Vollkommenheit noch die Chance einer Entwicklung.

Ich glaube, ich tu Dir mit diesen „rücksichtsvollen" Formulierungen keinen großen Gefallen. Einfach und klar, so ist es zwischen uns immer noch am besten. In einfachen Worten: Dir fehlt noch Ruhe Selbstsicherheit und persönliche Harmonie.

F) Nun die Lernaufforderung: Verbinde Dich mit diesen Qualitäten. Wie? Dadurch, daß Du Deine Aufmerksamkeit auf diese Qualitäten (und nicht auf den Mangel) lenkst. Denken, atmen, fühlen, visualisieren.

G) Umsetzen der Aufforderung in eine spirituelle Arbeit im Sinne unserer gemeinsamen Aufgabe der Qualitätsverbesserung auf diesem Planeten.

Denke (visualisiere) diese Qualitäten dieser Person zu, indem Du Dich bewußt mit Ruhe, Selbstsicherheit und persönlicher Harmonie in Verbindung setzt, es ausstrahlst und die Person in dieser Qualität siehst!

Denke hier an die Lehrerfunktion des anderen, der Dich von diesem höheren Standpunkt aus auffordert, diese Übung, aus Deiner Notwendigkeit, für Dich zu tun. Wie gesagt, höherer Standpunkt, höhere Ebene, spirituelle Notwendigkeit.

Neues Beispiel:

A) Jemand kommt Dir aggressiv.

B) Dich stört diese Aggression beim anderen.

C) Spiegelung: Fühle gelegentlich auch Aggressionen in mir auftauchen.

D) Ursache der Aggression? Schwäche, sich unterlegen fühlen.

Kontrollfrage: würde die Person auch aggressiv sein, wenn sie sich stark, überlegen, souverän fühlen würde?

E) Meine Information: es fehlt mir an dem Gefühl, an dem Bewußtsein der Stärke, des Überlegenseins in jeder Herausforderung, an Souveränität.

F) Lernaufforderung an mich, mich mit diesen Qualitäten zu verbinden, indem ich meine Aufmerksamkeit, mein Bewußtsein darauf lenke und es auch dort belasse.

G) Umsetzen der Aufforderung, die spirituelle Arbeit: Ich sehe den anderen stark, überlegen, souverän. Hier ist sehr wichtig: Ich sehe ihn aus einer geistigen Überzeugung heraus so, es entspricht meiner spirituellen Überzeugung, daß er auf dieser hohen Ebene so ist.

Auf der materiellen Ebene bedarf es noch der Entwicklung. Ich führe aber die für diese Entwicklung erforderliche Energie über diese geistige Ebene zu.

Standpunkte der Lehrerfunktion: Durch sein Verhalten hat er mich aufgefordert, diese für mich spirituell so notwendige Übung durchzuführen.

Hier zeigt sich ganz deutlich die Absurdität der Begriffe „Verzeihen" und „Schuld". Da – spirituell gesehen – keine Schuld, braucht's auch kein Verzeihen. Ein Nichtverzeihenkönnen ist schlicht und einfach ein Nichtverstehen –, Nichtbegreifenkönnen. Würde man verstehen, würde man erkennen, gäb's nichts zu verzeihen.

Der andere ist immer Dein Lehrer.

Spüre ich hier Groll?

Wer denkt daran, mich zu steinigen? Zu spät, zu spät, die Zeiten sind längst vorbei. Gesetz des Universums. So ist es. Hier hört Ihr nicht einmal mehr ein „sorry" von mir.

Mit diesem Unsinn von Schuld und Verzeihen hättet Ihr schon längst aufhören sollen.

Rund 2.000 Jahre sind eine lange Zeit. Er sprach damals nur von Liebe. Ihr seid im Verzug, liebe Schüler. Deswegen ist ein wenig Eile durchaus angebracht. Ihr habt wirklich keine Zeit mehr zu vertun. Die Zeit, die Euch auf diesem Planeten noch geschenkt ist, wird von Tag zu Tag kostbarer.

Bitte nützt sie.

Denkt nicht an kommende Tatsachen, höchstens Ihr könnt in Liebe daran denken. Und woran Ihr auch immer denkt, sobald Ihr in Liebe daran denkt, ist nur mehr die Liebe wichtig.

Seid Euch weiter bewußt, daß Ihr noch keine blasse Ahnung habt, was diese Liebe wirklich ist. Ihr könnt sozusagen nicht einmal die Speisekarte lesen, geschweige denn davon essen. Selbst wir stehen hier erst am Anfang des Verstehens.

Meine Versicherung für Euch, meine Botschaft an Euch, ist die der Liebe. In dieser Liebe seid geborgen und geschützt. In dieser Liebe seid Ihr gesegnet. In dieser Liebe seid Ihr geheiligt und ‚eins' mit Ihm. Von dieser Liebe seid Ihr noch weit entfernt. Doch diese Liebe sehnt sich nach Euch und nach Dir. Öffne ihr Dein Herz, laß Sie eintreten in Dein Leben, gib ihr Raum, laß sie sich ausdehnen und Dich erfüllen. Erfüllt sein von Liebe – war und ist das nicht der einzige große und wahre Wunsch Deines Herzens?
Jetzt hast Du die Möglichkeit dazu, nütze sie.

DIE SYMBOLSPRACHE DES LEBENS

Mein Freund, Du bist umgeben von Botschaften, alles spricht zu Dir, um Dir in Deiner Situation zu helfen, Dich zu orientieren und Dich den Weg zurück ins Licht finden zu lassen.

Vor allem die Natur wurde ursprünglich so geschaffen, daß Du wie in einem Buch darin lesen kannst, und die Naturvölker haben das so verstanden. Später gab man den Naturqualitäten die Bezeichnungen von Gottheiten, man personifizierte sie, um damit besser umgehen zu können.

Daraus haben sich natürlich Mißverständnisse und Verwirrungen ergeben; einfacher ist es, wenn Du bei den Qualitätsbegriffen bleibst.

Fang einfach bei den nächstliegenden Dingen an, beobachte die Kreisläufe, die Dir die Natur zeigt. Den Ablauf und die Wiederkehr der Jahreszeiten, den Rhythmus von Tag und Nacht, dieses ganze Vergehen und Wiederkommen. Ist es nicht ein klarer Hinweis auf die Art Deines Lebens?

Wer kann da noch an einen Anfang und an ein Ende denken, wenn doch in diesen Bildern jedem Ende ein neuer Anfang folgt?

Ein Anfang, der sich wieder einem Ende neigt, dem wieder ein Anfang folgt, ad infinitum. Siehe die Kreisläufe in der Natur, das Erblühen, Samen bringen und Ersterben, aus dem der Same wieder zu neuer Blüte treibt.

Denke an den Wassertropfen, der als Dampf aufsteigt, sich in den Wolken als Regen kondensiert, um dann wieder als Wassertropfen wiederzukehren und einer Quelle zu entspringen.

Auf seinem Weg zum Meer, zum Ursprung, durstige Menschen, Tiere und Pflanzen labt, Mühlräder treibt, Landschaften formt, um sich wieder mit dem Meer zu vereinen. Eins zu sein mit diesem großen Sein, Individuum und doch harmonischer Bestandteil jeder Woge.

So wie wir zur Zeit Bewußtsein in einem großen Bewußtsein sind, Licht in einem Meer von Licht, Strahl einer großen Sonne.

So spricht jede Blume, jede Blüte zur Dir, die ihre Knospe dem Licht öffnet. Für Dich erblüht, um Dein Auge zu erfreuen, um den Insekten Nektar zu spenden, um Frucht oder Same zu gebären, und sich diesem Vorgang total ergibt.

Ihre Hingabe erwartet keinen anderen Dank, als sich hingeben zu dürfen.

Beobachte die Tiere in freier Wildbahn, wie sie aufwachsen, sich vermehren und sich im gegenseitigen Dienen hingeben. Nur Euch erscheint es grausam, wenn z. B. ein Löwe eine Antilope reißt. Für uns ist es Hingabe. Und es ist dafür gesorgt, daß die Antilope es auch so empfindet. Im Augenblick der Hingabe, im Augenblick der Entscheidung „zu sterben", befindet sie sich nicht mehr in ihrem Körper. Eure Wissenschaftler haben festgestellt, daß ein Tier in diesem Augenblick „durch den Schock" keine Schmerzen mehr empfindet. Was im Grunde das gleiche aussagt. Wenn ein „Wilder" (in unseren Augen ein geistig- kulturell verständnismäßig Hochstehender) ein Tier zur Nahrungsaufnahme erlegen will, setzt er sich zuerst mit dem Geist des Tieres in Verbindung. Er spricht ihm seine Achtung und Wertschätzung aus und bittet um Verständnis für seine Lage. Er bittet um Hilfe und Unterstützung und Einverständnis. Wenn er dieses bekommen hat, so dankt er reinen Herzens dem Geist des Tieres für seine Opferbereitschaft und geht dann erst auf Jagd, wo er das bewußte Tier auch dann trifft.

Und wie besorgt Ihr Euch Euer Fleisch zur Nahrungsaufnahme? Das ist Mord, glatter, blutrünstiger Mord. Klar, daß das Tier sich wehrt und durch seinen Ausstoß von Adrenalin Euch „Euer Fleisch" vergiftet. Mahlzeit. Über das, wie Ihr die Tiere mästet, will ich hier gar nicht sprechen. Aber versteht Ihr diesen eklatanten Niveauunterschied zu Euren Ungunsten?

Über Euren technischen Fortschritt (in Richtung Abgrund) will ich mich hier auch nicht auslassen. Es ist zu katastrophal. Aber entdeckt Ihr hier eine Spur eines Respektes vor der Natur, vor den Geschöpfen des Allerhöchsten? Ist Euch noch irgend etwas heilig? Heil kommt von heil sein, von ganz sein, von eins sein. Könnt Ihr mit dem eins sein, daß Ihr so gewissenlos meuchelt?

Versteht Ihr die Verzweiflung derer auf unserer Seite, die die Erde noch so sehr lieben?

Versteht Ihr, welchen Eindruck Ihr hier macht? Ihr habt Glück, das mir die Worte fehlen, diesen Eindruck auch nur annähernd zu schildern. Außerdem ist es nicht meine Aufgabe, darüber zu richten. Freund Luzifers sorgenvoll bekümmertes Gesicht spricht Bände.

Ja, aber genau so, wie Ihr zu Eurer Welt seid, seid Ihr zu Euch selbst. Da ist kein Unterschied.

Die gleiche Einstellung der Respektlosigkeit und Verantwortungslosigkeit habt Ihr nicht nur Euch, sondern auch Euren Mitmenschen gegenüber. Werde Dir einmal bewußt, was Du so den ganzen lieben Tag über Deine Mitmenschen denkst und für sie empfindest. Ja, auf Deiner „normalen" Ebene sehr berechtigt (scheinbar), aber welche Norm ist das, die auf niedrigstem Niveau angesiedelt ist? Du meinst, ich sei zu streng, zu penibel? Also, mein Freund, bist Du nun bereit zu erkennen, oder möchtest Du weiterschlafen? Leider stellt sich diese Frage für Dich nicht mehr. Du bist aufgewacht, also mußt Du beginnen zu erkennen. Kein „sorry". Kosmisches Gesetz. So ist es. Aber genau um das geht es ja. Du sollst lernen, bewußter zu leben, bewußter zu denken, zu fühlen und daraus zu handeln. Du hast begonnen, Verantwortung zu übernehmen. Du bist auch nicht mehr bereit, Dich mit einer unter- oder bestenfalls durchschnittlichen Qualität abspeisen zu lassen. Freund Luzifer und sein Lernprogramm haben bei Dir keine Chancen mehr. Du strebst das Höchste an, und dafür mußt Du bereit sein, an Dir zu arbeiten, um reif, um würdig zu sein. Resonanz, Affinität, Spiegelung.

Bin ich Dir zu streng? Hoffentlich nicht, aber es geht hier einfach um Gesetzmäßigkeiten, und da gibt es kein Pardon. Du mußt lernen, sie zu akzeptieren, zu respektieren, zu achten und zu lieben, und dann, mein Freund, geht die Sonne in Deinem Leben auf.

Es wird licht, es wird schön, nicht immer ganz leicht, aber da Du den Sinn erkennst, erträgst Du auch nicht ganz so leichte Phasen. Außerdem sind wir um Dich, und wenn Du uns allzusehr greinst (richtiger Ausdruck für Babyweinen?), haben wir schnell einen Schnuller zur Hand.

Siehe auch Columbus-Effekt. Wie doch die gleichen Dinge so unterschiedliche Bezeichnungen haben können?! Tja, wir haben auch „nur Nerven", trotz unserer Engelsgeduld, und können Dich nicht allzu lange leiden sehen. Des weiteren wird Dein freier Wille als oberste Instanz von uns respektiert. Dein „Pech" ist nur, daß sich Dein freier Wille vor dem Wiedereinkörpern und dem Beginn eines neuen Kreislaufes auf Erden für ein sehr konsequentes Lern- und Erkenntnisprogramm entschieden hat. Was da greint, ist Dein kleines körperliches Ego, das bei Entscheidungen immer zuerst bei Deinem höheren Ich rückfragen muß, ob seine Wünsche mit dem Großen Gesamtprogramm übereinstimmen.

Nur, das tun sie meist nicht, und Du weißt das sehr genau. Also helfen wir Deinem kleinen Ego mit gelegentlichen Schnullern über die Runden. „Schließlich ist man ja hier kein Unmensch". – Wer hat denn da dazwischengefunkt? Das ist doch gar nicht mein Stil, by Lord. Also, Du siehst, wir tun unser möglichstes. Voraussetzung ist halt immer Deine Offenheit, Dein Auf-uns-Hörenwollen, Deine Bereitschaft.

Beachte einen Baum, seine Wurzeln, die tief in die Erde reichen und von dort Wasser und Nährstoffe aufnehmen, und seine Krone, die sich mit dem Himmel, mit dem Licht verbindet, um dort durch Assimilation Licht in Blattgrün zu verwandeln.

So bist auch Du, verwurzelt in der Materie durch Deinen Körper, und verbunden mit dem Himmel, dem Licht, durch Deinen Geist und durch Dein Bewußtsein. Durch Assimilation kannst Du geistige Energien aufnehmen und in Lebensenergie für Dich umwandeln.

Siehe die Vögel, die ihre Flügel entfalten, um sich emporzuschwingen in luftige Höhen. So bist auch Du. Die Kraft Deiner Gedanken kann Dich emportragen in lichte Sphären. Und denke an Dich, an Dein Erwachen am Morgen, Dein Tagewerk und Dein Sich-zur-Ruhe-Begeben. Dieses Abschalten und Loslassen all Deiner Gedanken und Wünsche, all Deines Tuns. Denk an diese Phase des Traumes und wo Du Dich da wohl befinden magst.

Und am nächsten Tag setzt Du da fort, wo Du am vorhergehenden aufgehört hast.

Aber nicht nur durch diese Erscheinungen der Natur spricht das Leben zu Dir. Es sind hier die vielen kleinen Situationen des Alltags, die Dir ständig Informationen zukommen lassen. Es sind Informationen über Dein zur Zeit laufendes Lernprogramm.

Beachte gerade die kleinen Situationen mit größter Aufmerksamkeit und registriere, was sie Dir sagen wollen. Du vermeidest so ihre in sich enthaltene gesetzmäßige Intensivierung der Lernaufforderung. Laß Dein Lernen durch frühzeitiges Erkennen ein möglichst angenehmes sein. Es ist möglich, und Du kannst es praktizieren. Die schier unendliche Vielfalt dieser kleinen Alltagssituationen macht es schwer, hier einige Beispiele anzuführen. Wir wollen es aber dennoch versuchen. Das Prinzip ist wie immer ein Denken in Qualitätskategorien. Welche Qualität fehlt einer Situation? Zu welcher Qualität fordert sie Dich auf? Angenommen, Du rufst jemanden an, und es meldet sich niemand. Er ist nicht zu Hause. Du kannst ihm diese Nachricht nicht übermitteln. Auf dieser Ebene.

So gesehen eigentlich klar. Der Zeitpunkt zur Übermittlung dieser Information, genauer gesagt, der Zeitpunkt, wo der andere diese Information annimmt, ist nicht oder noch nicht gegeben.

Beim anderen ist besetzt. Ähnlich wie vorhin, seine Gedanken sind auf etwas anderes eingestellt. Jetzt kannst Du, falls der Impuls da ist, weiterprobieren – Du zeigst Beharrlichkeit, oder Du verschiebst den Anruf auf einen späteren Zeitpunkt. Hier übst Du Loslassen und Vertrauen. Wichtig bei all diesen Entscheidungen, wie Du auf eine Situation reagierst, ist immer Deine innere Einstellung. Solange die harmonisch-liebevoll bleibt, bist Du in Deinem Handeln richtig. Verschiebt sich diese Einstellung aus dem harmonisch-liebevollen Bereich der Bedürftigkeit, des Haben-Müssens, des Frustes, so solltest Du Dich aus dieser Situation zurückziehen.

Lerne und übe, auf Deine Impulse zu achten. Mindestens ebenso wichtig dabei ist das Erkennen der Qualität, die hinter dem Impuls steht: Bedürftigkeit oder Liebe.

Hier ist auch hilfreich, unsere Mitarbeit in Anspruch zu nehmen. Frage „in Dich hinein“, ob es gut und sinnvoll ist, dies oder jenes zu tun. Frage nach der Motivation, frage nach der Qualität. Erkenne, „was es in Deinen Gedanken sagt“. Wenn Du Dir dieser „Antwortgedankenimpulse“

nicht sicher bist, überprüfe es ganz einfach in der Außenwelt. Du bist zu nichts verpflichtet, zu nichts gezwungen. Es sind reine Empfehlungen, reine Vorschläge aus unserer Sicht.

Sie müssen Dir auch in dieser Situation gar nicht gefallen. Das ist sogar sehr wahrscheinlich, da die Empfehlung aus unserer Sicht für Dich sicher Arbeit im Sinne Deines Lern- und Entwicklungsprogrammes darstellt.

Und warum sollte Dir das auf einmal schmecken? Du bist auch gerne eingeladen, das Gegenteil dieses Impulses zu tun, um sehr rasch drauf zu kommen, daß unser Vorschlag für Dich à la longue doch die bessere Variante darstellt.

Ein herrlicher Symbolgegenstand, den Ihr Euch geschaffen habt und mit dem Ihr Euch identifiziert, ist Euer Auto. Beachte daher auch alles, was mit Deinem Auto geschieht, von der Symbolik her als für Dich von Wichtigkeit.

Diese Möglichkeit der Fortbewegung und all ihrer Situationen und Gefahren bringt Dir sehr deutliche Seelenbilder. Denk allein an die häufige Situation, wenn jemand zu langsam vor Dir herfährt und Du gerade nicht überholen kannst. Ist der andere da nicht in seiner Funktion als Lehrer, Dir Abstandhalten, Akzeptanz und Loslassen beizubringen? Deine normale Reaktion wäre doch hier Gereiztheit, Drängen und über die Unfähigkeit des anderen sich zu ärgern. Ist das nicht eine gute Möglichkeit, über diese Verhaltensweise, über diesen Mangel in Dir, nachzudenken und dem anderen Gedanken der Dankbarkeit und des Wohlwollens zu senden? Und ist diese Information, diese Aufforderung, nicht noch sehr liebevoll, sehr vorsichtig und absolut schmerzfrei?

Natürlich kannst Du Dich von Deinem Ärger auch in eine

Unfallsituation hineinmanövrieren lassen – und zusätzlich zum materiellen Schaden vielleicht auch noch im Spital über das Prinzip des Abstand-Haltens, des Akzeptierens und Loslassens, nachdenken. Du hast immer die Wahl.

Vergiß auch hier nicht, warum Du diese Situation hast. Resonanz, Affinität, Spiegelung.

Was fehlt dem anderen, daß er so langsam fährt? Nein, bitte nicht Dein Streß; aber es ist schön, daß Du ihn hier unter den positiven Aspekten Deines Lebens einordnest, obwohl ich mir für Dich auch etwas mehr Ruhe vorstellen könnte.

Vielleicht fehlt ihm/ihr Deine Sicherheit beim Autofahren, Deine Routine. Also, tu Deine Pflicht als verantwortlicher Teil des Universums und strahle Sicherheit und Routine in diese Richtung, sehr zum Wohle Deines Körpers, der sich nun nicht mehr verkrampft, sondern entspannt.

Du steckst im Stau und hast noch dazu einen (knappen) Termin. Welch herrliche Übung über die freie Wahl der Gedanken! Schau mich nicht so blöd an. Erstens kenne ich aus persönlicher Erfahrung keine Verkehrsstaus, zumindest keine so gräßlichen, wie Ihr sie habt, und zweitens sehe ich das alles aus der Sicht als Dein geistiger Lehrer. Und als Übungsbeispiel in spiritueller Hinsicht ist es herrlich. Einverstanden? Du siehst, eine reine Frage des Standpunktes.

Also, Du stehst im Stau (nicht ich). Nun hast Du erstens die – scheinbar naheliegende – Möglichkeit, dich darüber grün-&-blau zu ärgern, wodurch aber nichts besser wird. Du ärgerst außerdem Dich, und eigentlich könntest Du Dich beruhigen, besänftigen, harmonisieren.

Somit besteht die zweite Möglichkeit für Dich, die Zeit, die Du sowieso nicht besser nutzen kannst, dazu zu verwenden, Dir etwas Gutes zu tun.

Nutze die Zeit zur Erholung, tanke bewußt positive Energien durch entsprechende mentale Übungen. Denke einfach, daß Dich Ruhe, Kraft und Harmonie durchstrahlt, und laß Dich davon erfüllen und verwandeln.

Oder plauder einfach ein wenig mit uns. Sonst hast Du eh recht wenig Zeit dazu, ja, ja, ich weiß – Dein Streß. Sag einfach, daß Du uns magst, daß Du froh bist, daß wir da sind und daß Du sicher bist, daß wir Dir helfen werden, zur richtigen Zeit am richtigen Ort zu sein.

Jetzt paß auf, was war das? Der letzte Satz klingt zwar einfach, ist aber goldrichtig. Erstens ist da die Anrufung (Liebe und Freude), zweitens das Vertrauen, und drittens die Sicherheit einer Lösung, die Du aus Deinem Vorstellungsbereich freiläßt. Es ist ein Loslassen Deiner eigenen begrenzten Vorstellungsmöglichkeiten und die Bereitschaft, neue, andere Lösungen zu akzeptieren.

Resonanzmäßig betrachtet haben wir hier die Qualität der Liebe, Freude, Vertrauen und Zuversicht an das Gute. Wenn Du diese Resonanz übst, öffnest Du uns damit die Tür, Dir in dieser Qualität die Lösung bringen zu können. Also, angefangen vom zeitgerechten Lösen des Staus, dem Aufzeigen von Umfahrungsmöglichkeiten, dem passenden Auch-zu-spät-Kommen des anderen bei diesem Termin, bis zum „dieser Termin war nichts für mich“ etc., ist alles für Dich dann die dieser Qualität entsprechende optimale Lösung.

Klingt das zu allgemein, zu einfach?

Ist es aber nicht. Erprobe es erst einige Zeit in der Praxis und urteile erst dann.

Eine gute Übung zum Einstieg in diese Technik ist das „Programmieren eines Parkplatzes“.

Situation: Du fährst wohin, wo man nur sehr schwer einen Parkplatz erhält. Normalverhalten: Hoffentlich finde ich einen Parkplatz. Resonanz: Ich fürchte, keinen Parkplatz zu bekommen. Furcht ist gleich Glaube, ist gleich Erwartung, und somit Verwirklichungskraft.

Besseres Verhalten: Anrufung und voll Vertrauen sicher sein, einen optimalen Parkplatz vorzufinden, dazu ein Gefühl der Dankbarkeit.

Aber bitte uns genügend Zeit lassen, Verwirklichungen in der Materie beanspruchen im Normalfall Zeit.

Du wunderst Dich, daß wir uns mit solchen scheinbaren Banalitäten abgeben und für Dich einen Parkplatz beschaffen?

Lieber Freund, uns geht es nicht um Deinen Parkplatz, pardon, auch Deine anderen (heißen) Wünsche haben aus unserer Sicht nicht mehr Bedeutung; uns geht es um die bewußte Zusammenarbeit mit Dir. Uns geht es um Deinen wachsenden Glauben in unsere Existenz und um Dein Vertrauen in unsere Botschaft.

Es geht uns schlußendlich darum, daß Du über all diese Schritte lernst, an die Liebe zu glauben, und Du ihr den Stellenwert in Deinem Leben gibst, der ihr zusteht.

WARUM WIR (SCHEINBAR) EUCH NICHT IMMER HELFEN

Das „scheinbar" gibt die Antwort. Es ist nur scheinbar aus Eurer Sicht so, daß wir nicht immer bei Euch sind, um Euch zu helfen.

Du kannst von der Voraussetzung ausgehen, daß wir immer bei Euch sind. Nur Euch immer zu helfen, vor allem, was Ihr darunter versteht, ist nicht in Deiner Absicht. Du erinnerst Dich, Du – vor Deiner Wiedereinkörperung – und Deine Lernziele. So ist es in manchen Situationen erforderlich, Deine kleinen, vordergründigen Wünsche – Wünsche, die sich auf Deine Schwächen beziehen – zu ignorieren, um Dich auf diesen Tatbestand aufmerksam zu machen und Dich zur Entwicklung Deiner Kraft zu bringen, Dir Deine Einheit mit uns bewußt zu machen, Dir bewußt zu machen, daß Du, in Wirklichkeit, viel stärker bist, als Du in dieser Situation von Dir annimmst.

Diese Erkenntnis, dieses „alleine durchstehen", dieses „allein es bewältigt haben", gibt Dir ein Gefühl der Stärke. Und darauf kommt es uns an.

Gerade kleine Kinder wehren oft ab, wenn Du ihnen helfen willst. „Alleine machen" ist die Parole, das gibt Selbstbewußtsein und Vertrauen, das Leben zu meistern. Ist es nicht gerade das, was Du auch brauchst? Ab einem gewissen Alter werdet ihr bequem und möchtet Euch am liebsten alles machen lassen (zumindest von der Ebene Eures kleinen Ego her. Das ist aber die Baby-Ebene, und noch nicht das Kleinkind. Aber schließlich wollen wir Euch aus den Windeln 'rauskriegen!).

Merkst Du, wo Ihr zur Zeit noch steckt? Das Tröstliche ist nur, daß Babies besonders geliebt werden, auch wegen ihrer Hilflosigkeit, daß sie so herzig sind, wenn sie mit großen, erstaunten Augen die Welt betrachten, in die sie hineingeboren wurden, und wenn sie anfangen, sich selbst zu entdecken, ihre Finger und Zehen in den Mund zu stecken, bitterlich weinen, wenn sie etwas zwickt, und am zufriedensten sind, wenn sie an der Mutterbrust nuckeln können.

Oh, wir lieben Euch! Aber dennoch ist es hübsch, Euch heranwachsen zu sehen, und jede Mutter ist bemüht, die Entwicklung ihres Kindes zu fördern. Kinder tun das ja auch gerne. Seht ihnen nur zu, wie sie unermüdlich sind, laufen zu lernen und auf eigenen Beinen zu stehen. Wie wackelig die ersten Versuche sind, wie oft sie hinfallen, sich auch weh tun, und dennoch immer wieder aufstehen, um es von neuem zu versuchen, bis sie schließlich Erfolg haben. „Wenn Ihr nicht werdet wie die Kinder ..." in ihrem rastlosen Bemühen, selbständig zu werden.

Auch hier natürlich die Symbolik, wenn Du so etwas siehst, auch hier natürlich die Spiegelung. Leben ist Eins, Du kannst es nicht teilen.

Angenommen, es geht Dir einmal wirklich nicht gut, Du bist müde, erschöpft, und es ist Dir alles zuviel. Klar, daß niemand da ist, der Dich liebt, Dich versteht oder auch nur eine Spur nett zu Dir ist. Geliebter, ich geh voll auf Deinen Standpunkt ein. Du bist so recht unglücklich und willst es im Moment auch sein. Gesteh es Dir zu!

Es ist wie bei dem Fall mit der Aggression.

Aggression ist ein Zeichen von Schwäche. Dein Zustand ist ein Zeichen der Schwäche. Was tatest Du bei Aggression? Bestätigen.

Ja, bestätigen, den Standpunkt des Schwachen einnehmen. Jetzt sind es zumindest schon zwei, die diesen Standpunkt vertreten, und somit fühlt er sich nicht mehr so schwach, so schutzlos.

Klar?!

Also, in Deinem Fall bestätige Dir Dein Unglück, Deine Misere, vollen Herzens. Du hast ja recht. Und es gibt gute Gründe, die beweisen, wie arm, ungerecht behandelt und überhaupt Du bist. Tu es solange, bis es Dir verdächtig vorkommt und sich in Dir eine Stimme regt, die sagt: Na, soo arg ist es nun auch wieder nicht; schau, das und das.

Hör ja nicht auf diese Stimme, gib ihr sofort Kontra, mach ihre Argumentation zunichte, mach es so lange, bis Du nicht mehr anders kannst, als zu lachen. Ja, lachen. Lach über Dich und Dein Gegreine. Denk an die süßen Babies, und gib Dir einen dicken Schmatz auf die runden Backen. Dann wechsel die Windel, das heißt, reinige Dich von den Gedanken, die in Wirklichkeit nicht zu Dir gehören. Wenn kein Schnuller da ist, steck einfach den Daumen in den Mund. Da fällt mir die zauberhafte Geschichte ein von dem Hirtenjungen, der das Christuskind im Stall besuchen geht und so gar nichts hat, was er ihm schenken könnte. Da hat der Hirtenjunge eine Idee: Zärtlich nimmt er das Händchen des Christuskindes und führt ihm den Daumen zwischen seine Lippen. Das glückliche Strahlen aus den Babyaugen begleitete ihn sein ganzes Leben.

Also, tu Dir etwas Gutes an, dusch Dich, mach Dich frisch, zieh Dir was Sauberes an (Windel), stoß mit einem Glas Sekt auf Dich an, darauf, daß Du Dich nicht so leicht unterkriegen läßt, daß Du, im Vergleich zum Rest der Welt, doch ganz famos bist, etc.

Hau auf den Tisch und sag: Mit mir nicht! Ich schaffe es, ich lasse mich nicht unterkriegen, ich schaue drauf, daß es mir mit jedem Tag, in jeder Hinsicht, aber auch schon jeder, immer besser und besser geht! Ich kann!

Bravo, bravo, bravissimo!

Das war ganz ausgezeichnet. Was hast Du hier gemacht? Du hast aus Dir heraus eine Veränderung bewirkt, Du hast Deine Einstellung ins genaue Gegenteil verändert. Du hast sozusagen einmal Anlauf genommen, bist noch einige Schritte zurückgegangen (wie arm, wie schrecklich), um dann mit aller Kraft in die andere Richtung zu stürmen mit einem: „mit mir nicht“ und einem „ich kann“.

Beachte auch hier Resonanz, Affinität, Spiegelung.

Gut, nicht wahr? Du hast damit dem Guten, Schönen wieder eine Chance gegeben, in Dein Leben zu treten. So simpel und doch so schwer ist es. Das Schwierige ist diese Selbstüberwindung, wobei hier Selbst natürlich das Baby ist. Hast Du das einmal geschafft, geht es schon wieder viel leichter, und Du wirst merken, je öfter Du es schaffst, um so leichter geht es, um so rascher kommst Du zu dem Punkt, an dem Du über Dich lachen kannst.

Lachen im Sinne eines verständnisvollen Durchschauens, eines liebevollen Erkennens. Unsere Kraft ist immer für Dich da. Den Schnuller müssen wir Dir gelegentlich, auf kurze Zeit natürlich nur, entziehen, um Dir in dieser Zeit Gelegenheit zum Wachstum zu geben.

Leider ist es so: Mit Schnuller im Mund gibt es kein Wachstum. Fällt Dir hier eine Parallele auf? Was sind noch so Symbolikschnuller? Ja, alles, was Du (man) so in den Mund steckst. Natürlich angefangen vom Essen, solange es nicht eine bewußte Energieaufnahme ist, und hier besonders Süßigkeiten bis zur Zigarette, die zusätzlich noch Vernebelungstaktik (dem anderen Rauch ins Gesicht blasen) und Umweltverschmutzung beinhaltet. Kraß zeigt der Rauchende, daß er von der Welt nichts Gutes hält, das Leben nicht liebt, denn welcher Liebende würde seine Geliebte permanent verunreinigen, beschmutzen?

Natürlich ist es unbewußt und deshalb nur in der Spiegelung erkennbar.

Aber nur, wenn Du den Inhalt der Situationen aus der Spiegelung heraus erkennen kannst, hast Du die Möglichkeit, richtig darauf zu reagieren. Richtig im Sinne, was die Situation verlangt (Mangel erfüllen), und richtig im Sinne Deiner, an Dich gerichteten Lernaufforderung. Dinge im Leben zu durchschauen macht Spaß.

Nun ja, so spaßig ist es nicht. Durchschauen nimmt Dir zuerst einmal die Furcht, die Du vor dem Leben hast, und zeigt Dir dann die Bedürftigkeit in den Situationen des Lebens. Aus der Bedürftigkeit der Situation heraus erkennst Du Deine Aufgabe als verantwortlicher Teil des Universums. Mit dem Erkennen Deiner Aufgabe bist Du im Universum integriert. So wie die Sonne ihre Aufgabe erfüllt, Licht zu spenden, Licht zu sein, ist es Deine Aufgabe, Liebe zu spenden, Liebe zu sein. Liebe im Sinne kosmischer Energie (Ich werde nicht aufhören, das immer zu betonen, um hier auch den letzten Rest eines Mißverständnisses nicht aufkommen zu lassen.)

Wenn Du nun Deine Aufgabe erkannt hast, sie akzeptiert hast, bist Du dann nicht ein wenig stolz auf Dich? Erkennst Du dann nicht, daß Du wichtig bist, wertvoll bist? Was kann Dir Schöneres passieren, als zu erkennen: Ich bin wichtig, ich bin wertvoll, und ich werde geliebt. Komm, schließe die Augen, atme ganz ruhig und entspannt, und laß diese Worte, diese Inhalte, tief in Dein Bewußtsein sinken: Ich bin wichtig, ich bin wertvoll, und ich werde geliebt. Denk es immer wieder, mit jedem Atemzug. Öffne Dich dieser Botschaft des Lichts, öffne Dich, laß es tief in Dein Herz eindringen, nimm es auf, nimm es ganz auf. Bleibe. Bleibe in dieser innigen Umarmung, bleibe in dieser innigen Liebesbeziehung zu uns. Danke, danke Dir, für Deine Bereitschaft.

WIE KOMMST DU ZU PERSÖNLICHEN ANTWORTEN?

Die Frage lautet eigentlich: Wie kommst Du zu einem direkteren Kontakt zu uns?
Du kannst zu Wahrsagerinnen gehen, die für Dich die Karten legen oder die Sterne befragen. All das kannst Du und noch viel mehr, und all das ist richtig von seinem Standpunkt aus.
Wohlgemerkt, von seinem bzw. ihrem Standpunkt aus, also vom Standpunkt der Wahrsagerin, der Kartenaufschlagerin, desjenigen, der Dir Dein Horoskop interpretiert. Durch seine „Linse" fällt das Licht, und genau die Färbung bekommt es.
Was Du aber willst, ist das Licht der (reinen) Erkenntnis und nicht die Färbung von Frau X oder Herrn Y. Wie kannst Du das vermeiden? Ganz einfach, frage Dich, frage uns durch Dich. Die anderen tun, in etwa, nichts anderes, geben es meist als etwas ganz Besonderes aus, und verlangen viel Geld dafür. Unbenommen, wofür Du Dein Geld ausgibt, aber hier geht es um Dein Wachstum, Dein Selbständigwerden (Vom Baby zum Kleinkind, Du erinnerst Dich). Also frage Dich, pflege Deinen Kontakt. Du hast die gleichen Möglichkeiten, und die zu nutzen ist Deine Aufgabe.
Wir weihen Dich jetzt in ein Geheimnis ein, in das Geheimnis der „Bildschirmtechnik". Gut, erstens ist es kein Geheimnis, weil es einem jeden offensteht. Aber es macht Dir sicher mehr Freude, wenn wir es Dir als Geheimnis in Dein Ohr flüstern (kleine Kinder lieben es, in Geheimnisse eingeweiht zu werden, stimmt's?), und zweitens merkst Du, daß wir in der Terminologie sehr anpassungsfähig sind. Da zur Zeit Bildschirme bei Euch sehr modern sind und Ihr

eine gute Vorstellung davon habt, hier Informationen abzufragen, benützen wir dieses Bild. Du tippst also, unter Einhaltung bestimmter Regeln, die Frage ein, und kannst unmittelbar darauf die Antwort ablesen. Voraussetzung sind die Regeln, an die Du Dich halten mußt, sonst wartest Du vergebens auf eine Antwort oder bekommst die falsche, mit der Du nichts anfangen kannst.

Was sind unsere Regeln, die unbedingt und als Voraussetzung einzuhalten sind? (kosmisches Gesetz: WENN ..., DANN ...)

Erstens: Resonanzfreiheit Deinerseits, das heißt, (möglichst) keine (bewußten) eigenen Gedanken, Wünsche, Vorstellungen in diesem Augenblick. Ein Offensein, Stillesein, Basis-Vertrauen.

Wie Du siehst, gar nicht so einfach für Dich, jedenfalls eine Sache der Übung. Je besser Du tust, um so besser, um so klarer, um so eindeutiger die Antworten. Also nicht ungeduldig sein, nicht gleich verzweifeln, denn je mehr Du Dich (krampfhaft) bemühst, desto schlechter das Ergebnis, desto undeutlicher. Ist klar, (krampfhaftes) Bemühen beinhaltet Mühe. Was einem Mühe macht, dem fühlt man sich (noch) nicht gewachsen, ist gleich unterlegen, ist gleich Schwäche, ist gleich Aggression, ist nicht gleich Liebe, und nur mit Liebe geht's.

Wie kommst Du nun zu dieser Liebe? Ganz einfach, ich hoffe, es stört Dich nicht, wenn wir immer „ganz einfach" sagen, wo es für Dich so schwierig ist, aber wir sprechen ja immer nur vom Prinzip, die Arbeit des Umsetzens in der Materie bleibt nun einmal Dir überlassen. Sorry, Dein Schicksal (a big smile for you).[1])

---

[1]) ein breites Lächeln für Dich.

Aber da Du ja nun doch beginnst, unser inniges Bemühen um Dich anzuerkennen, scheint es nicht mehr ganz so grausam, unerbittlich und unerträglich. Und daß es kein „Honiglecken“ für Dich werden würde, hast Du ja vor Deiner Rückkehr in das Leben genau gespürt. Andererseits hast Du eine Reihe viel ärgerer, sprich schmerzhafterer, Inkarnationen hinter Dir. Sollen wir Dich an ... erinnern? No, in diesem Augenblick lieber noch nicht, es würde Dich zu sehr ablenken, das Prinzip kennenzulernen. Du würdest in grenzenloses Selbstmitleid versinken, wie arm Du damals warst, wie grausam man Dir mitspielte. Auf der anderen Seite würde es Dir Deine jetzige Situation nahezu paradiesisch erscheinen lassen.

Genügt diese kleine Andeutung?

‚Ganz einfach‘ sagten wir in unserer, Dir so locker und distanziert erscheinenden Art, die doch liebevoll ist. Wie könnten wir Dir helfen, einen neuen, besseren, leichteren Standpunkt einzunehmen, wenn wir diesen nicht – voll Überzeugung – vertreten würden? Wir können immer wieder nur den Versuch unternehmen, Dich von Deinem Standpunkt aus auf den unseren einzuladen. Mach‘ zumindest gelegentlich einen Besuch und schau‘ Dir Deine Situation von unserer Seite her an.

Die Lösung ist Vertrauen, die Antwort auf jede Frage ist: BELIEVE.[1]) Um diese resonanzmäßige Voraussetzung zu einer jeden Frage kommst Du nicht herum. Du mußt einfach lernen zu vertrauen. Du mußt. Daran führt kein Weg vorbei. Kosmisches Gesetz, daher kein „sorry“, mein Freund.

Angenommen, Du bist bereit, Vertrauen zu haben, aus wel-

[1]) Glaube.

chen Gründen immer „man“ Dich schließlich dorthin gebracht hat, so stelle in Deinen Gedanken die Frage und sei bereit, die Antwort zu empfangen. Dieser geistige Bildschirm funktioniert entweder optisch, Du kannst es mit Deinem geistigen Auge sehen, oder Du erlebst es intuitiv, als einen klaren Impuls. Übe, mit diesen Impulsen Zwiesprache zu halten. Du kannst lernen, mit Deinem höheren Selbst, welches in enger Verbindung mit uns steht, zu kommunizieren. Diese Verbindung stärkt Dein Vertrauen in ein wachsendes Bewußtsein des Guten in dieser Welt. Diese Verbindung eint Dich mit Dir, Deinem höheren Selbst, mit dem Universum, mit uns und schließlich mit dem Licht, der Liebe, dem Allerhöchsten.

So beginnt es und schreitet fort von Licht zu Licht. Bis zu IHM. Dereinst.

Machen wir ein praktisches Beispiel, um Dir zu zeigen, wie es geht: Schließe die Augen, atme ruhig und tief, und lasse los all Deine Gedanken, Wünsche und Vorstellungen. Werde ganz ruhig, ganz entspannt, fühle Dich sicher, geborgen, frei, schwebend. Bleibe. Und jetzt formuliere eine Frage, irgend etwas von Bedeutung, von Interesse für Dich.

Sei versichert, daß wir jede Frage von Dir akzeptieren. Gut. Nun empfinde die Antwort. Du findest sie in Deinem Kopf ... Was sagt Dein Herz dazu? Ist es damit in Harmonie? Gut.

Vielleicht (sicher sogar) wunderst Du Dich über die Art der Formulierung unserer Antworten. Während Du aus der Dimension der Zeit, der Polarität, der Materie zu uns sprichst, antworten wir Dir aus der Dimension des Lichts in Begriffen der Qualitäten, unserer einzigen Berührungspunkte zu Deiner Ausdrucksweise.

Es stimmt, wir haben so gut wie keinen Bezug mehr zu Zeit

und Ort. Diese Dinge sind uns fremd geworden. Wir erleben Euch und Eure Situationen als Licht, als ein mehr oder weniger strahlendes Licht (oh, Ihr Öllämpchen). Fragen nach Zeit können wir mit Sicherheit nur mit „bald" (ist gleich: ‚noch nicht erreicht, aber die Richtung stimmt') oder noch richtiger mit „sobald Ihr dafür reif seid" (ist gleich: ‚Eure Resonanz, Affinität, Spiegelung stimmt, entspricht'), beantworten.

Dies mag nun in manchen Situationen sehr unbefriedigend für Euch erscheinen, entspricht aber den Tatsachen, den geistigen, spirituellen, unseren Tatsachen, den kosmischen Gesetzen, den Ursachen, für die entsprechenden Wirkungen auf Eurer Ebene. Exakte Zeitangaben zu geben, widerspräche dem kosmischen Gesetz des freien Willens. Ihr habt immer die Möglichkeit zu Eurer Entwicklung „Ja" oder „Nein" zu sagen. Daß ein „Nein" nur einen Verzögerungseffekt hat, steht auf einem anderen Blatt. Das heißt, Dein grundsätzliches spirituelles „Ja" ist vorhanden, sonst wärst Du nicht in dieser Welt. Dein Nein aus Deinem „Baby-Ich" kommend, kann natürlich Umwege und somit Verzögerungen verursachen. Mein Lieber, wir respektieren Dich wie einen der Unseren, nichts läge uns ferner, als Dich als eine willenlose Marionette zu sehen. Schicksal im Sinne von Karma, im Sinne von unabwendbar, entspricht nicht dem kosmischen Gesetz des freien Willens und somit der Liebe, und ist damit ein klar erkennbares Mißverstehen.

Schicksal, im großen Rahmen, sind Deine Lernsituationen, die Du Dir wähltest, von der Art her, von den Möglichkeiten her, vom Prinzip her.

Du wähltest eine Geburt in ein Leben, welches Dir die Chancen zu lernen bieten wird. Das hast Du klar vorhergesehen. Wie Du Dich nun in den einzelnen Situationen verhältst, entspricht Deinem Grad des Gelernthabens, Verstanden- und Durchschauthabens. Entspricht Deinem Bewußtseinsstand. Nun kannst Du x-beliebige Wiederholungen der gleichen Situation anfordern, so lange, bis es Dir zuviel wird und Du endlich bereit bist, zu verstehen, warum es in dieser Situation und überhaupt eigentlich geht.

Das muß nicht unbedingt mit einer Steigerung des Leides einhergehen. Ab einem gewissen Grad der wachsenden Erkenntnis beginnt ein Verstehen aufzudämmern, und Du absolvierst diese Lektionen viel rascher und auch leichter als früher. Für Lektionen, die früher Jahre dauerten, brauchst Du jetzt vielleicht nur Monate, Wochen, Tage, oder sogar nur Stunden.

Am schönsten ist natürlich, wenn Du so eine Lektion beim Auftauchen bereits in ihrem Lern- und Aufforderungscharakter durchschaust und dementsprechend handelst. Das gibt ein Hallo bei uns, ein überschäumendes „he got it", jetzt hat er's. Gerade daß wir nicht darüber anstoßen und eine Feier veranstalten; aber das ist nicht mehr üblich. Unsere Freude ist anderer Art, aber ich weiß, daß Du weißt, mein Freund.

Also, es geht in all diesen Dingen ums Lernen, immer wieder nur ums Lernen. Ihr seid nicht primär zum Vergnügen auf der Welt, Ihr habt eine Aufgabe. Wir sprachen bereits darüber.

DEINE PERSÖNLICHE AUFGABE

Um Dir Deine momentane Situation erträglicher, leichter und sinnvoller werden zu lassen, ist es für Dich sehr wichtig, Deine ganz persönliche Aufgabe klar zu erkennen.

Deine Situation ist Deine Situation, das heißt, daß sie ganz persönlich für Dich da ist, um Dir optimale Lernmöglichkeiten zu geben.

Das bedeutet, daß Du, im großen Rahmen betrachtet, ein optimales Leben hast!

Das kam Dir in dieser Formulierung wohl noch nicht in den Sinn, wo Du doch dies und jenes gerne anders hättest. Aber zur Zeit ist für Dich Dein Leben optimal. Optimal, weil es noch etliche Entwicklungstendenzen für Dich birgt. Beachte, daß im Wort „Tendenz" für mich das Wort „tender" (zart, zärtlich) enthalten ist. Unter diesem Aspekt ist geplant, Deine zukünftige Entwicklung zu fördern. Sind wir nicht lieb?

Das sind wir aber immer, wie Du inzwischen schon weißt. Wie kamst Du nun zu Deiner Situation? Sieh es wieder als eine Qualität. Über welchen Mangel beschwerst Du Dich am meisten, seit längster Zeit bzw., was glaubst Du, daß Dir das Leben nach wie vor schuldig geblieben ist?

Bleiben wir bei dieser Formulierung: Was ist Dir das Leben bis jetzt schuldig geblieben?

Laß Dir Zeit mit der Beantwortung dieser Frage, überleg es Dir gründlich und formuliere es klar. Daß Du jetzt keine Schuldprojektionsformulierungen verwendest, nehmen wir mit Sicherheit an. Du ahnst es, und wir sagen es Dir in aller Deutlichkeit und unmißverständlich: Genau das bist Du dem Leben, in Deinem vorangegangenen Erdenleben, schuldig geblieben, und diesmal hast Du Dich auf die Seite des Schuldners gestellt, einfach, um zu erleben, wie es ist, wenn ...

Gute Methode, und so wirkungsvoll. Du wechselst einfach die Rolle, die Du spielst, und schon wird Dein Verständnis für das gesamte Stück, um genau dieses Erleben, größer. Und Du wechselst so oft, bis Du das gesamte Stück verstehst. Titel des Stückes: Liebe (esoterisch, eh klar). Also, Deine Situation kommt aus Deinem Verhalten, welches in seiner Art dem jetzigen Mangel entsprach.

Um Dir die Sache etwas zu erleichtern, laden wir Dich ins Kino ein, schau Dir einen Film an. Welchen? Deinen natürlich. Dazu legst Du Dich am besten hin und nimmst Dir etwas Zeit dafür.

Schließe die Augen, atme ganz ruhig, tief und fest, und gib Dich vertrauensvoll unserer Führung hin.

Licht aus, Klappe 1, Szene 1.

Du, Dein Leben, und wie Du gerade die entsprechenden Handlungen setzt, die zu Deiner jetzigen Situation geführt haben. Laß Deiner Phantasie freien Lauf, akzeptiere jedes Bild, welches in Dir auftaucht, und schau es ganz unbefangen an. Laß Dir Zeit dazu, dränge Dich nicht, sei ganz offen, laß es geschehen. Wir machen hier eine Lesepause, damit Du diese Übung mit uns gemeinsam durchführen kannst.

Das Wichtige dabei ist Vertrauen, loslassendes, ängstlichkeitsbefreiendes Vertrauen. Es kann Dir dabei absolut nichts geschehen. Du hast eine „automatische Sicherung" eingebaut, die bei Überlastung sofort ausklinkt, d.h., wir führen Dein Bewußtsein nur in jenes Erkennen, welches für Dich zur Zeit gut, wichtig und annehmbar ist. Laß somit den Bildern freien Lauf und registriere vor allem ihren Symbolgehalt, betrachte ihre Qualität. Formelle Details nimm als unbedeutend einfach hin und zerbrich Dir nicht den Kopf, ob das tatsächlich Du, als historische Person in dieser Situation, sein konntest. Es kann so tatsächlich gewesen sein bzw. hast Du Dich damals so gefühlt und deshalb jetzt jenes Bild. Gut?!

Nun, so hast Du damals Deine jetzige Situation bzw. Deinen Entschluß zu Deiner jetzigen Situation begründet. Dämmert da was in Dir? Ja, ja, Du begründest in diesem Leben die Art Deiner nächsten Lernphase (es muß ja nicht unbedingt eine Inkarnation sein).

Aber Du merkst, wie wichtig es ist, den Lernaufforderungen möglichst freiwillig nachzukommen.

Das so total zwanghafte Lernen (und dennoch nichts Verstehen) früherer Inkarnationen war doch ziemlich unangenehm und könnte im weiteren vermieden werden.

Die Freiwilligkeit des Lernens, das bewußte Annehmen einer Schwierigkeit im Vertrauen darauf, daß Dir geholfen wird, ist einer der Schlüssel, Dich vom Rad der ständigen Wiederholungen zu lösen. In diesem Satz ist das Schlüsselwort wieder „Vertrauen“ im Sinne von Resonanz.

Du vertraust auf das Gute, und über diese Ausrichtung Deiner Empfangsantennen, über diese Affinität, hat das Gute die Möglichkeit, zu Dir zu kommen, und tut es – gesetzmäßig – auch.

Du siehst, worüber wir auch sprechen mögen, welche Probleme wir auch behandeln, es sind alles nur Facetten ein und desselben Edelsteines. Das ist doch beruhigend, Du hast alles Wissen, Du mußt nicht länger suchen, kein noch so geheimes Geheimnis kann Dir mehr an Informationen über Dich bringen, als Du schon weißt. Neue Facetten dieses Juwels kannst Du kennenlernen; das schon. Wenn Du einmal nicht sicher sein solltest, ob diese Facette zum Juwel gehört, so frage einfach, ob darin Liebe enthalten ist. Denn jede Facette Deines Juwels erstrahlt in Liebe. Und sollte Dir jemand Angst machen wollen – (achte auf den schönen Satz: Jemand-will-Dir-Angst-machen), fragt sich schon allein, warum er das machen will, welche Resonanz und daher Affinität, und daher Spiegelung, unser Jemand hat –, so lache ihn einfach an und schenke ihm Liebe (hier folgt über Liebe keine weitere Erläuterung; ich bin nun sicher, daß Ihr verstanden habt).

Das ist das einzige, was der Arme braucht. Natürlich kannst Du und sollst Du sogar den Versuch unternehmen, einige Informationen anzubringen, aber sei nicht enttäuscht, wenn es nichts fruchtet. Sieh den anderen nur als Deinen Lehrer, der Dich kurz getestet hat. Und mit der Reaktion Liebe hast Du hervorragend bestanden.

Der Rest ist nicht Deine Angelegenheit. Die ganze Welt zu „bekehren" schaffen nicht einmal wir. Du siehst ja, wie viel Mühe es uns mit Dir kostet.

Alle Heerscharen des Herrn reichen da nicht aus, und einige von Euch werden wir wohl „auf Eis" legen müssen. Chancen gibt es immer und wird es immer geben. Also sorge Dich nicht allzusehr um die Entwicklung Deiner Nächsten. Das Beispiel, daß Du gibst im Bewältigen Deiner Schwierigkeiten, im Meistern Deines Lebens, ist das Eindrucksvollste, das Du tun kannst.

Je aufdringlicher jemand in Belehrungen ist (Achtung bei „Gurus" aller Art), desto vorsichtiger solltest Du sein, desto notwendiger hat es der Belehrende selbst. Rothschild und Rockefeller sprachen nie über ihr Geld, sie hatten es. Womit sich hier Deine persönliche Aufgabe am klarsten definiert: Zeige durch Dein Beispiel, daß sich das Leben meistern läßt, durch Liebe.

WARUM DU DICH IN GEWISSE SCHWIERIGKEITEN HINEINMANÖVRIERST

Das ist einfach zu beantworten: Damit Du lernst, eben aus jenen Schwierigkeiten wieder herauszukommen. Ich hör da etwas wie: „Ich mache es mir (wieder einmal) zu einfach." Also gut, dann etwas ausführlicher.

Du kamst hierher, um zu lernen. Um ganz bestimmte Dinge zu lernen. Dazu brauchst Du ganz bestimmte Situationen. Noch immer nicht (ganz) zufrieden? Also, Du bist begierig darauf, zu lernen. Schau nicht so erstaunt, so ist es. Du bist begierig darauf, das Leben kennenzulernen, es zu durchschauen, den Sinn zu erkennen und dadurch des Lebens Meisterschaft zu erlangen.

Das ist Dir neu? Uns nicht. Unterscheide hier bitte Dein Baby-Ego und Dein normales. Als Baby willst Du nur Deinen Schnuller, normalerweise bist Du durchaus bereit zu lernen. Aber das sind zwei total verschiedene Ebenen. Und es ist halt so leicht und so schön, sich fallen zu lassen. Darfst Du auch, für begrenzte Zeit. Aber dann mußt Du wieder weiter.

Wie sagst Du immer so richtig: Es ist keine Schande zu fallen, nur liegenzubleiben ist schlecht. Einverstanden. Jeder Ausrutscher ist erlaubt. Ist Dir klar, was wir hier gesagt haben? Jeder Ausrutscher ist erlaubt. Das entspricht aber gar nicht Deinem strengen Moral- und Ehrenkodex. Nicht wahr? Hier zeigen wir Dir gegenüber eine ungewohnte Großzügigkeit.

Ja, so ist es – von jeder Regel gibt es Ausnahmen, und unter besonderen Umständen ist es dann erlaubt. Das ist kein

Freibrief, kein Freibrief, mein Freund. Die Regel lautet: Liebet – und dann tut, was Ihr wollt. Unabdingbar ist hier das „Liebet". Alles, was Du aus reiner Liebe tust, ist sozusagen mit unserem Einverständnis und bedarf keiner wie immer gearteten Folgeerscheinung, außer höchstens der, daß es eben in diesem Fall – und nur in diesem Fall – eine Ausnahme gegeben hat. Anlaß für diese Ausnahme warst Du, Deine Einstellung, Dein Lernprogramm. Du solltest lernen, daß Du in dieser Situation durftest, aus Liebe.

Bei allen Höhenflügen, die Du sicher schon erlebst, stürzen wir Dich, stürzt Du Dich, gelegentlich, in tiefe Löcher. Aber merkst Du, wie schnell Du wieder herauskommst? Unwillkürlich wendest Du schon gewisse Techniken an – ich würde sie Resonanzübungen nennen (siehe Coué) –, mit denen Du dieses Tief überraschend schnell überwindest. Erkannt? Um diese Techniken geht es. Du sollst lernen, sie bewußter und auch kontinuierlicher anzuwenden.

Je permanenter Dein Höhenflug, desto geringer die Gefahr eines länger dauernden Absturzes. Deine Kraft ist gewachsen, und Du weißt, worum es geht! Das ist der gravierende Unterschied. Allein aus diesem Grund kommen gelegentlich noch diese Situationen.

Ein anderer wichtiger Aspekt, wenn es Dir noch nicht so bewußt aufgefallen sein sollte: Hüte Dich, mit Vehemenz gegen etwas zu sein. Wie ich das meine? Wie immer, ganz einfach. Solange Du gegen etwas bist, heißt das doch nur, daß Dir das Verständnis für diese Sache fehlt. Du hast diesen Mangel, der – im Ansatz natürlich – auch in Dir ist, (noch) nicht integriert. Um Dir nun diesen Mangel bewußt zu machen, damit Du ihn voll in Dir erkennst, und ihn damit, ob Du nun gerne magst oder nicht, integrierst, bekommst Du nun genau das frei Haus geliefert, was Du zuerst so vehement abgelehnt hast. „Nie würde ich dies oder jenes tun", sprachst Du im Brustton der Überzeugung, und klangst dabei so glaubhaft. Sozusagen „fünf Minuten später" steckst Du genau in der Situation und tust es! Schrecklich? Nein, lerne nur zu verstehen, lerne nicht zu urteilen, lerne zu lieben. Darum diese Situation. Wenn Du das gelernt hast, bist Du in Harmonie damit, und kommst nie wieder in solch eine Situation. Selbst wenn die Situation ähnlich sein sollte, d. h., entweder etwas in dieser Situation ist anders, oder Du bist, Du reagierst, anders. Beobachte das einmal.

Daran kannst Du Deinen Fortschritt ermessen, Deine Entwicklung feststellen. Du hast Dich verändert, bist anders, bist lebensfähiger geworden. Du näherst Dich, wenn auch vielleicht mit kleinen Schritten, der Meisterschaft des Lebens.

ÜBER DIE QUALITÄT DER RUHE

Was sagt Dir dieses Wort Ruhe? Ruhe ist etwas, was Du gerne hättest? Aber man läßt Dir keine Ruhe! Etwas raubt Dir die Ruhe? Wie kann das passieren? Komm, ich lade Dich ein, in die Ruhe hineinzugehen. Wo sie ist? In Dir natürlich (fast hätte ich hinzugefügt „Du Idiot")!

Verzeihst Du mir?! Also, schließe Deine Augen, atme ganz ruhig und entspannt und laß all Deine Gedanken und Vorstellungen los. Sinke tiefer und tiefer in Deine Mitte, mit jedem Atemzug tiefer und tiefer. Bleibe. Genieße. Für einige Zeit.

Jetzt bedenke, was Du getan hast, um Ruhe zu finden. Die

äußeren Umstände, Deine persönliche Situation, waren nicht das Ausschlaggebende. Denn das, was Du da getan hast, kannst Du in jeder Situation tun. Das Augenschließen ist unter Umständen nicht immer optimal. Das wichtigste war, Du hast Deine Gedanken und Deine Vorstellungen losgelassen. Noch einmal: Deine Gedanken und Deine Vorstellungen. Wieso konntest Du sie überhaupt loslassen? Weil sie im Grunde nicht zu Dir gehörten, weil sie nicht der Qualität der Liebe entsprachen. Liebe als Ursprung Deines Seins ist immer in Dir, kann Dir auch nie genommen werden! Ent-wicklung heißt ja, all die Gedanken und Vorstellungen loslassen, die nicht Deinem Kern der Liebe entsprechen.

Das, was Du an Gedanken und Vorstellungen sozusagen produzierst, kommt ja aus der Welt Deiner Erfahrungen, und diese Erfahrungen wiederum entsprechen in ihrer Qualität Deinem Entwicklungsstand. Du kannst keine besseren Gedanken und Vorstellungen haben, als es Deinem augenblicklichen Entwicklungsstand entspricht. Hier beißt sich die Katze in den Schwanz. Schlechte Erfahrungen ergeben schlechte Vorstellungen über das zu Erwartende. Diese schlechten Vorstellungen produzieren, – siehe Resonanzgesetz – wieder die entsprechenden Erfahrungen. Wo ist da die Lösung?

Ist Dir auch schon aufgefallen, daß in guten Fragen die Antwort bereits enthalten ist? Und das war eine gute Frage, somit die darin enthaltene Antwort: Lösung. Du mußt Dich von Deiner Vorstellung lösen. Erkenne, daß diese Vorstellung von Dir produziert wurde, aufgrund Deines Wissensstandes (des Wissensstandes eines in Entwicklung Begriffenen), daher, naheliegend: noch nicht perfekt, noch nicht vollkommen. Dieses Lösen ist ein Lösen von Deiner

Ebene, ist gleich die Voraussetzung, um eine höhere Ebene zu erreichen. Und das willst Du doch.

Wie sieht das nun in der harten Praxis des Alltags aus? Wie löst Du Dich? Einmal damit, daß Du erkennst, es Dir bewußt wird, welche Vorstellungen Du hast, in welcher Qualität Du erwartest. Hier unterscheide bitte ganz deutlich die intellektuelle Ebene Deines Denkens von der gefühlsmäßigen Ebene Deines Herzens.

Du hast Recht, beide Ebenen bringen Resonanz, und als Beginn eines Umschalt- bzw. Umdenkprozesses ist die intellektuelle Ebene hervorragend geeignet.

Nur unvergleichlich stärker wirkt die Resonanz Deines Herzens. Es sind Dein Herz, Dein Glaube, die die Berge versetzen, die Wunder vollbringen, und das Unmögliche möglich machen.

Denke hier nur an die Freiheitskämpfer, die mit der Glut ihres Herzens Armeen besiegen.

Du kannst ruhig positiv denken. Wenn Du negativ befürchtest (ist gleich glaubst), bekommst Du garantiert das Negative. Du kannst ruhig in Deinen Gedanken zweifeln. Wenn Dein Herz glaubt, geht es gut. Schöner wär‘s noch, wenn Gedanken und Glaube in eine Richtung gingen, aber wir wollen nicht zu viel verlangen, und so ein bißchen intellektueller Zweifel ist für Euer Gefühl „des Vernünftigseins“ scheinbar sehr wichtig.

Wenn Euch etwas die Ruhe zu rauben droht, so löst Euch davon. Löst Euch von Euren Gedanken und Vorstellungen und geht auf Distanz. Es ist so, als wenn Ihr partout mit dem Kopf durch die Wand wolltet. Je stärker Ihr mit dem Kopf gegen die Wand schlagt, desto stärker schlägt (scheinbar) die Wand zurück.

Tut sie aber nicht. Ihr schlagt, und sonst niemand. Und dennoch beklagt Ihr Euch über die „blöde Wand“, die Euch die Schmerzen verursacht. Wer verursacht hier? Siehst Du. Achte das nächste Mal darauf, wenn es beginnt weh zu tun, wer hier der Verursacher ist.

Aber es ist so schwierig ... Wir wollen Dir hier nicht widersprechen, aber es ist nur deshalb so schwierig, weil Du noch nicht gelernt hast – loszulassen, Abstand zu gewinnen, ist schlußendlich gleich Vertrauen zu haben. Du siehst, wir sind schon wieder bei Vertrauen gelandet.

Die Qualität der Ruhe ist Vertrauen. Wer hätte das gedacht? Aber, wenn Du Dich da hineinfühlst, wird es Dir klar. Ruhe kann man intelektuell auch nicht erfassen, Du kannst sie nur erfühlen. Lerne diese Ruhe, die tief in Dir ist, zu erfühlen, verbinde Dich immer öfter mit ihr. Kehre ein in Deine Mitte. In der Mitte eines noch so schnell rotierenden Rades herrscht Ruhe. Entscheide Dich, ob Du nach außen in die Rotation gehen willst oder nach innen in die Ruhe. Von Deinem Aufwand an Entscheidung und Kraft ist es gleich, nur die Richtung ist unterschiedlich – und damit das Ergebnis. So einfach ist das.

Wenn wir Dir mit diesem „einfach“ auf die Nerven gehen, so sage es bitte. Nur, wir sehen es tatsächlich so. Aber Du hast recht, ohne Körper, ohne Materie, ist vieles in mancherlei Hinsicht leichter.

Du warst ja auch froh, als Du nach Schulabschluß aus dem Lernzwang draußen warst. So geht es uns natürlich auch. Diese, Eure Phase des Lernes ist – im Vergleich mit dem, was später kommt – noch sehr viel unangenehmer und peinigender. Später genießt Ihr dann viel mehr Freiheit, und alles ist viel leichter. Doch wie Du siehst, mußten auch wir es uns erarbeiten.

Dieses Gefühl wachsender Ruhe, wachsender Sicherheit, ist Lohn dieser Arbeit. Auch hierbei: ohne Fleiß kein Preis.

MEDITATION IM ALLTAG

Solltest Du beim Lesen der Überschrift über diesem Kapitel einen Widerspruch vermuten, so würde uns das freuen. Denn das würde zeigen, daß wir Dir hier etwas Neues kundtun dürfen. Sozusagen eine praktische Anwendung einer religiösen Praxis. Eigenartig, daß sich Religion so weit aus Eurem täglichen Leben zurückgezogen hat. Ist vielleicht darin die Misere Eures Lebens zu suchen? In den Grundzügen sicherlich. Zur näheren Erläuterung beschäftigen wir uns wieder ein wenig mit den Begriffen. Meditation möchten wir hier im Sinne von meditare, sich zurückziehen, sich besinnen, verstanden wissen. Du ziehst Dich aus der Außenwelt zurück. Die Außenwelt verstanden als Deine Spiegelung, als Spiegelung Deines Zustandes, den Du in der Vergangenheit verursacht hast, und der vom Prinzip Ursache/Wirkung, Saat/Ernte unveränderbar ist (kosmisches Gesetz). Von diesem Bild ziehst Du Dich zurück, um ein Neues zu schaffen. Damit Du nicht in den Kontinuitätsfehler der immerkehrenden Wiederholung der Resonanzen fällst, löst Du Dich ganz bewußt.

Du flüchtest nicht aus der Wirklichkeit. Du sagst nur, daß diese Bilder für Dich keine Bedeutung mehr haben und Du jetzt daran gehst, neue, bessere Resonanzen, Affinitäten, Spiegelungen zu schaffen. Der Wert der alten Bilder besteht für Dich im Informationsinhalt über die Qualität, in der Du Dich momentan befindest, aus der Du Dich aber weiterzuentwickeln gedenkst.

Religion, im Sinne von „religio“, gleich Rückbindung, verstanden, beinhaltet die Aufforderung, Dich Deines Ursprunges zu besinnen und dort wieder Anschluß zu suchen. Also einmal das Zurückziehen in Deine Mitte, und beim anderen Mal die Rückbindung zu Deinem Ursprung, der natürlich . . . wo liegt? Ebendort.

Und wie kann man das nun in den Alltag integrieren, sozusagen als eine Lebenstechnik sinnvoll anwenden? Soll ich mich vom Leben zurückziehen, fragst Du vielleicht hier empört, hinter Klostermauern oder in die Einsamkeit des Himalayas? Nein, so war es nicht gemeint, mein Freund. Dieses Zurückziehen ist als ein Abstandnehmen gedacht. Zieh Dich aus der unmittelbaren Konfrontation mit den Ereignissen des Alltags zurück. Schau sie Dir mit einer gewissen Distanz an. Sieh sie vom Informationswert her. Deine persönliche Betroffenheit soll bei der Frage enden: Was sagt es mir? Nicht mehr. Was sagt es mir, im Sinne einer liebevollen Information? Wenn etwas schiefgeht, ist gleich: anders als Du es Dir vorgestellt hast, so brich nicht zusammen in schierer Verzweiflung und Aggression, sondern stell Dir vor, daß das die liebevollste Möglichkeit war, Dir eine Information zukommen zu lassen. Die zur Zeit liebevollste Möglichkeit – so wichtig ist diese Information für Dich, deshalb bemüh Dich bitte, sie auch zu erkennen. Natürlich im Sinne eines Qualitätsdenkens, eines Aufforderungscharakters. Wenn Du Dich so aus der unmittelbaren Konfrontation zurückziehst, wenn Du lernst zu verstehen, was das Leben Dir sagen will, so gewinnst Du eines: Ruhe. Aus dieser Ruhe ergibt sich Sicherheit, und aus dieser Sicherheit optimale Verhaltensweisen. Du entfernst Dich aus dem zwanghaften Verhalten, qualitätsgleich zu re-agieren, und kommst in den Bereich der Freiheit, so zu agieren, wie es Dein Herz gerne tut. Nämlich: liebevoll.

Verstehst Du hier das Wort: Man soll Böses mit Gutem vergelten? Ohne dieses Hintergrundwissen ist es doch kaum praktisch durchzuführen. Man kommt sich doch blöd vor, oder? Erkennst Du jedoch „das Böse" als Mangel, als Aufforderung zum Guten (Freund Luzifer nickt, hier angesprochen, zustimmend), so ist die ganze Sache logisch (Grenzen Deiner Kapazität beachten, bitte ich Dich hier als Dein Freund). So ist Meditation im Alltag einfach die Erkenntnis, das Leben als Deinen Freund zu betrachten, der Dir immer sagt, was als nächster Schritt zu tun ist, welche Eigenschaft, Qualität, als nächstes zu entwickeln, zu fördern, zu stärken ist. Das Leben sagt es Dir in einer unmittelbaren und absolut ehrlichen Form. Und es ist so sehr um Dich bemüht, daß es nicht zurückscheut, Dir diese Informationen – notfalls – sehr deutlich zukommen zu lassen.

Nun steckst Du in so einer Situation, und Dir ist überhaupt nicht wohl zumute, aber schon überhaupt nicht. Und diese ganzen Ideen von Resonanz, Affinität und Spiegelung, diese ganzen „liebevollen" Aufforderungen können Dir kreuz & quer den Buckel runterrutschen und anschließend gestohlen werden. Genau so ist Dir zumute und nicht anders. Was tun?

Zuerst leugne Deinen Zustand nicht. Er ist so. Dann versuch abzuschalten, versuch Deine Reaktion – es ist nämlich nur und ausschließlich Deine Reaktion, denn ein anderer würde vielleicht anders reagieren –, versuch also, Deine Reaktion abzuschalten. Leg Dich hin, entspann Dich, versinke, stirb ein wenig (das heißt: Lös Dich von Deinem Zustand.).

Wenn Du sozusagen gestorben bist, gestalte für Dich eine Neugeburt. Mit welchen Qualitäten, mit welchen Stärken möchtest Du, wenn es sich schon nicht verhindern läßt, neu geboren werden? Mit diesen Qualitäten verbindest Du Dich nun, im Zustand Deines „Todes“, im Zustand Deines „Losgelöstseins“. Denn nur in diesem Zustand bist Du frei, neue Eigenschaften, neue Qualitäten anzunehmen. Im Zustand vor Deinem „Losgelöstsein“ warst Du ja total von Eigenschaften der Schwäche, des Überfordertseins, des Ungeliebtseins vereinnahmt. Erinnert Dich das an das Sterben einiger Menschen, die Du kanntest? Könntest Du Dir vorstellen, daß sie jetzt gemeinsam mit uns an diesen Informationen für Dich arbeiten, um Dir zu helfen, nicht die gleichen Fehler zu machen? Schön. Sende Ihnen liebevolle Gefühle aus Deinem Herzen, sozusagen als Bestätigung, daß ihre Botschaft angekommen ist. Danke, mein Freund.

Ist es noch notwendig, weiter über den Alltag zu sprechen? Prinzip klar, alles klar.

Sprechen wir vom Tod – denn er ist so schön.

DER TOD – EINE GEBURT INS LICHT

Von der Kirchturmuhr schlägt es die zwölfte Stunde. Nebelschwaden ziehen über den Gottesacker. In der Dunkelheit schreit ein Käuzchen. Im fahlen Licht des Mondes erhebt sich langsam, ganz langsam ... – der Eindruck, daß dieser Versuch einer Gruselstory mit dem eigentlichen Tod oder Todsein nichts zu tun haben kann. Danke, mein Freund, für diese Einsicht. Danke im Namen aller, die hier sind.

Wisse, daß Dein Übergang, um hier einen richtigeren Ausdruck zu gebrauchen, in die Materie, Dein Hineingeborenwerden in einen Körper, Dein Hineingeborenwerden in ein selbständiges Erdenleben, weitaus unangenehmer von Dir empfunden wird, als der umgekehrte Vorgang. Eine Geburt ins Licht hört sich schon allein von den Worten her schöner an, als eine Geburt in Fleisch und Blut. Und so ist es. Du läßt all das Schwere, all das Beengende, all das Beängstigende, Einschränkende los und befreist Dich in ein uneingeschränktes Erkennen. Und dieses Erkennen ist . . .

Wie soll ich es Dir beschreiben? Ich blicke sozusagen hilfesuchend in die Runde, aber keiner kann mir helfen, passende Worte dafür zu finden. Eh klar, gibt es auch nicht; versuch das Meer mit einer Nußschale auszuschöpfen . . . Aber wir wollen es Dir nicht vorhalten, wir können es Dir gar nicht vorenthalten. Wenn es Dich vielleicht wundert, daß wir in diesem Augenblick, da Du diese Worte liest, da sind, vergiß nicht, daß bei uns Zeit nicht existiert. Unsere Verbindung geht über die Qualität Deiner Aufmerksamkeit, Deines Glaubens (so gering er noch sein mag), allein Dein Wunsch, Deine Sehnsucht genügt schon, die Verbindung herzustellen. Zeit spielt da wirklich keine Rolle.

Komm, schließ die Augen, atme ruhig und tief, und laß los. Stell Dir ein ganz klein wenig vor, Du würdest sterben, Dein Gebundensein an Deinen Körper loslassen (keine Angst, so leicht geht das nicht, Du bleibst ganz sicher in Deinem Körper eingesperrt, nur ein wenig transparenter sollte Dein Gefühl werden), frei werden, lichter werden, ganz frei und licht, ganz frei und licht, und jetzt geh ganz tief in dieses Gefühl hinein, gib Dich diesem Gefühl ganz hin, reine offene Hingabe . . .

Den Hauch einer Ahnung? Probiere es gelegentlich wieder, vielleicht sogar vor dem Einschlafen im Bett. Es würde uns freuen, Dir ein wenig mehr von diesem Eindruck übermitteln zu können.

Die Schwierigkeit beim Sterben liegt nur in Deiner Angst begründet. In der Angst vor dem Unbekannten, in der Angst vor Schmerzen. Die Angst vor dem Unbekannten verlierst Du am sichersten durch die Pflege eines ständigen Kontaktes mit uns. Wir sind Dir dann schon so vertraut und selbstverständlich, daß Du wirklich das Gefühl hast, zu Freunden heimzukehren.

Die Angst vor Schmerzen zu verlieren ist eine Resonanzübung. Vorstellung, Glaube, Erwartung.

Mal Dir einen schönen, harmonischen, glücklichen Tod aus. Stell Dir vor, wie sich irgendwann einmal der Gedanke aufdrängt, daß es für Dich Zeit wird, wieder einmal die Seite zu wechseln. Vielleicht versuchst Du, diesen Gedanken anfangs zu ignorieren, aber er läßt sich nicht ignorieren, nicht verdrängen. Er sagt: Ich bin da. Also, dann ist es am besten, wenn Du Dich mit ihm anfreundest, denn da kannst Du dann mit ihm sprechen. Und Du wirst sehen, er hat Verständnis für Dich, er läßt mit sich reden, egal, ob Du noch Zeit brauchst, Dinge zu regeln. Hilfe in irgendwelchen Angelegenheiten; es wird Dir gewährt. Sprich auch über die Umstände, die Dir am angenehmsten wären, und wenn nichts dagegen spricht, wird auch das erfüllt.

Sprich auch mit uns, wir holen Dich dann gleich an der Pforte ab und senden schon vorher liebendes Licht zu Deiner Stärkung. Mach ein kleines Fest daraus und versuche auch, den Deinen klarzumachen, daß Dein Übergang (fast) nichts verändert. Du wirst auch von drüben noch einige Zeit sehr intensiv für sie dasein können. Und bis Dein Aufstieg in das Licht beginnt, hat sich auch auf Erden, in Deiner Familie, wieder alles normalisiert. Bitte nur, man soll Dich nicht zurückhalten, denn Deine Liebe, Dein Pflichtbewußtsein, würden Dich verpflichten, in Erdnähe zu bleiben, aber das ist nicht Deine Bestimmung.

Deine Bestimmung – wie unser aller Bestimmung – ist der Aufstieg ins Licht. Und so ist jeder Übergang, ob Du ihn nun Tod nennst oder Geburt, ein Schritt näher zum Licht. Tröstlich, so soll es sein.

DEIN WOHLSTAND AUF ERDEN

Du wunderst Dich, daß wir nach dem Kapitel über die Geburt ins Licht nichts besseres zu tun haben, als über Wohlstand auf Erden zu sprechen? So ist es, mein Freund, so ist es.

Und warum? Aus Liebe zu Dir, mein Freund, nur aus Liebe zu Dir. Schau, Deine Empörung zeigt ja, daß Du die Geburt ins Licht für etwas Schönes, Edles, Heiliges hältst, hingegen mit dem Wohlstand auf Erden (sprich Geld, Macht und Einfluß) Probleme hast. Wohlstand im Sinne von Reichtum ist Dir suspekt. Warum? Weil Mißbrauch damit getrieben wurde und nach wie vor wird? Jedes Messer kannst Du zum Töten oder zum Brotschneiden verwenden, es ist sozusagen zweischneidig. Du kannst alles, was Du willst, mißbrauchen, und von dieser Möglichkeit wird auch reichlich Gebrauch gemacht. Nur, wo denn, wenn nicht in der Schule, hast Du Gelegenheit, Fehler zu machen und daraus zu lernen? Auf diese Schlußfolgerung legen wir allergrößten

Wert! Ebenso gilt es für Geld, Macht und Einfluß. Du lehnst es ab, weil Du es nicht für gut hältst. Welch Irrtum, mein Freund. Es ist nämlich weder gut noch schlecht. Es kommt darauf an, was Du daraus machst.

Deshalb – wir bitten Dich – strebe Geld, Macht und Einfluß an, um etwas Gutes daraus zu machen. Diese Beispiele fehlen noch in größerer Zahl, als Gegengewicht. Der Mißbrauch ist derart in der Überzahl, daß er in Euren Augen sozusagen die Norm bildet. Hiermit bist Du aufgefordert, eine neue Norm aufzustellen. Wenn es Dir schon fast gelungen ist, aus einem tiefen Verstehen heraus Dich mit Freund Luzifer anzufreunden, so soll es Dir ein leichtes sein, Deine Meinung über Geld, Macht und Einfluß gründlich zu revidieren.

Strebe es an. Wir helfen Dir dabei. Und habe keine Angst. Wir bleiben stets im Rahmen Deiner Kräfte. Wir werden Dich nie überfordern, sondern nur hie und da fordern.

Akzeptiere diese Formen der Energie, der Kraft des Lichts, und setze sie ein zu Deinem Wohl und zum Wohl der Menschen.

Du zweifelst noch? Du wagst es nicht, an eigenen Wohlstand zu denken bei all der Not auf Erden? Wer hat gesagt, daß Du alles für Dich behalten sollst? Beginne einen Kreislauf des Guten. Gib und sei bereit zu empfangen, um mehr geben zu können. Zeig in Deinem Bereich, daß Rüstungsausgaben (übertriebender Luxus und überspitzte Versicherungen) für Sinnvolleres verwendet werden können.

Strebe für Dich das Höchste, Beste und Schönste an, halte Dich für würdig, und leiste aus dieser Einstellung heraus auch nur das Beste. Wohlgemerkt, anstreben ist gleich bereit sein zu empfangen, es für möglich halten, Dich würdig empfinden, denn nur aus dieser Einstellung heraus kannst Du das Beste bringen, und das ist wiederum Deine Aufgabe auf Erden. Deine Aufgabe, Deine Pflicht, Dein Ziel. Dienen ja, aber nicht in Unterwürfigkeit, nicht aus dem Gefühl heraus, nicht würdig zu sein. Du bist würdig, Du bist ebenso aus seinem Licht geboren wie alles andere, Du bist somit göttlichen Ursprungs. Was ist dagegen das Getue um „Blaublütigkeit"? „Lichtblütigkeit" ist das einzige, das zählt. Wobei ich hier fairerweise zugestehen muß, keinen Widerspruch zu sehen. Man kann durchaus beides sein, sollte es geradezu. Aus Deiner Göttlichkeit heraus akzeptiere den Wohlstand auf Erden, und akzeptiere Deinen Wohlstand und die Verpflichtung und Aufgabe, die sich daraus ergibt.

Wohlhabend, reich, mächtig zu sein, beinhaltet natürlich bedeutend mehr Verantwortung. War es vielleicht das, was Dich so dagegen sein ließ? Nicht der Wohlstand, nicht die Macht und der Einfluß; es war die Verantwortung, der Du Dich nicht gewachsen fühltest!

Was fehlt Dir? Was ist der Mangel in Dir? Dich nicht gewachsen fühlen? Kraft, Sicherheit, Vertrauen? Arbeite daran, entwickle diese Eigenschaften in Dir, und Du öffnest dem Wohlstand die Tür.

PARTNERSCHAFT, LIEBE UND GLÜCK

Resonanz, Affinität, Spiegelung.

Wie bitte, so unromantisch wolltest es Du nicht hören? Nun, wie gefällt Dir: Erkenne den Mangel und akzeptiere die Lernaufforderung. Auch nicht? Einverstanden, wir sind ja nicht so. Mit uns kann man reden (die Runde nickt beifällig). Wir bringen es Dir ausführlicher, bildhafter, mit praktischen Beispielen aus Deinem Leben. Im privaten Bereich Deines Lebens verbindest Du diese drei Ausdrücke miteinander. Von einer Partnerschaft erwartest Du Liebe, und von der Liebe erwartest Du Glück. Was Du bekommst, sind die – sattsam bekannten – Ent-Täuschungen. Verzeih, daß wir diesen Ausdruck so lieben.

Diese Ent-Täuschungen sind aber eines unserer besten Hilfsmittel, Dich aus der Täuschung zu befreien. Das klingt doch schon etwas freundlicher, dieses „Du wirst befreit". Das heißt doch, zuerst warst Du gefangen. Worin? In Deinem – irrtümlichen – Glauben über Dich, daß Du schwach seist, hilfsbedürftig und unfähig. Natürlich bist Du es, bis zu einem gewissen Grad, aber nur bis zu dem Grad Deiner noch fehlenden Entwicklung. Also das, was Dich noch schwach sein läßt, noch hilfsbedürftig, noch unfähig, ist in Dir, hast Du noch nicht entwickelt.

Was hat das alles mit Partnerschaft zu tun? Sehr viel, denn Du erwartest ja von Deinem Partner, daß er folgende Eigenschaften mitbringen möge: A – Z. Was er (oder natürlich sie) in Wirklichkeit mitbringt, sind Ansätze, mehr oder weniger stark entwickelte Ansätze, und die Vorstellung, daß Du das Fehlende genau ergänzt. Das geht aber leider nicht, denn das kosmische Gesetz lautet: Resonanz, Affinität, Spiegelung. Nimm also zur Kenntnis: Genau die gleiche Schwäche, die Du hast, bzw. zu verbergen suchst, hat Dein Partner bzw. sucht er, sie zu verbergen.

Protest?

Bei nein: Ich freue mich über Deine Bereitschaft, Offenheit und Einsicht.

Bei ja: Ich freue mich, Dich auf einen neuen Aspekt aufmerksam machen zu dürfen.

Dieses Verbergen geschieht immer mit Kraftaufwand und ist daher stets (leicht) übertrieben. (Vergleiche, Rothschild sprach nie über sein Privatvermögen – er hatte es, war damit aufgewachsen und stand zur Verantwortung, es zu mehren.)

Wenn nun aber mein Partner die gleichen Schwächen hat, was zieht uns zueinander, wenn es nicht Ergänzung ist?

Affinität, mein Freund, die Gleichheit des Lernprogrammes, die gegenseitige Spiegelung und die hilfreichen Möglichkeiten, die sich daraus ergeben.

Merkst Du hier die Unsinnigkeit, Dich über gewisse Eigenschaften des anderen zu beklagen? Du beklagst Dich nur über Dich.

Freundlicher formuliert: Du ärgerst Dich über Schwächen, die Du, an Dir, schon längst gerne ausgemerzt hättest und die Dir gelegentlich, in gewissen Situationen, Unbehagen bereiten. Diesem Unbehagen gibst Du Ausdruck.

Die Lösung: ganz einfach. Der Mangel, der Dir auffällt, registriere ihn und hab ihn ganz schrecklich lieb. Mach Dein Herz ganz weit und groß, so daß er sich darin nahezu verliert. Denk an die vielen schönen, reizenden und positiven Dinge, die sich Dir sonst zeigen, und freue Dich hier, in dieser so angenehmen Verpackung, eine Lern- und Entwicklungsaufforderung entdeckt zu haben. Bezieh den Mangel als einen Mangel an einer bestimmten Qualität ganz auf Dich, und nimm Dir fest vor, ab sofort noch mehr von dieser Qualität zu geben, noch mehr die Kraft dieser Qualität zu entwickeln, einfach damit Du mehr Kapazität davon hast. Das ist Liebe. Das ist, dem anderen die Möglichkeit geben, sich zu entwickeln durch das Beispiel, das Du gibst, und das Vertrauen, das Du zeigst. Wenn Du liebst, so sei dankbar, daß Du geben darfst, sei dankbar, daß Du geben kannst und Dir der andere immer wieder die Möglichkeit gibt, zu geben. Um hier den Bezug zu Deiner Realität nicht zu verlieren: Beachte Deine Kapazität, achte auf Deine Grenzen und gesteh Dir rechtzeitig ein, wenn Du nicht mehr kannst.

Was dann? Was, wenn Du nicht mehr kannst?

Sei ehrlich (Resonanz), sei ehrlich und gesteh dem anderen ein, daß Du nicht stark genug bist, weiter zu geben. Und für das Geben dankbar zu sein, gelingt Dir seit einiger Zeit auch nicht mehr. Nun hat der andere seine Chance, und Du wirst sehen, er weiß sie zu nützen. Es ist doch schön, um Hilfe gebeten zu werden. Es ist ein Zeichen des Vertrauens, der Wertschätzung. Diese gegenseitige Hilfe ist ein Zeichen für das Verständnis einer Partnerschaft aus Liebe.

Voraussetzung dafür ist jedoch, daß Du den anderen respektierst, achtest und anerkennst. Du mußt ihn als Partner anerkennen, nur dann funktioniert es, und auch seine Kapazität, seine Grenzen, berücksichtigen.

Wenn Du lernst, Deine Erwartungen den Möglichkeiten des anderen oder auch einer Situation anzupassen, vermeidest Du unsere so beliebten Ent-Täuschungen. Es bleibt immer primär Deine Aufgabe, zu geben, zu erfüllen, auszugleichen. Liebe als eine Aufgabe zu geben, als eine Verantwortung im Tun? Ja, denn wenn es Dir gelingt, aufgrund Deiner gewachsenen Kraft, Deines entwickelten Vertrauens, bedingungslos zu sein, machst Du die schönste Erfahrung, die Du auf Erden machen kannst: Du wirst geliebt.

Zu Lieben aus eigener Kraft, geliebt zu werden als Geschenk – das ist Glück.

Nachsatz: Glück kommt von glücken, gelingen. Es ist Dir gelungen, das zu erreichen, weil Du die Vorausetzungen erfülltest!

WAS DICH „DRÜBEN“ ERWARTET

WE. Ich meine damit „WIR“, uns, dieselben, die auch bereits jetzt bei Dir sind.

Was ich damit sagen will, ist: Dieses „drüben“ ist eine reine Frage des Standpunktes, eine reine Frage der Erkenntnismöglichkeiten.

Von „drüben“ hast Du ganz einfach mehr Möglichkeiten zu erkennen; es ist ‚einfach‘, weil es der Standpunkt der Liebe, der Standpunkt des Lichtes ist, und ‚mehr Möglichkeiten‘ hast Du, weil die Beschränkungen Deiner Körperlichkeit wegfallen. Du bist reines Bewußtsein, reine Erkenntnismöglichkeit. Jetzt bist Du das nur in Deinem Herzen, in Deiner Mitte, doch dann bist Du es ganz.

Woraus sich natürlich schon wieder Konsequenzen ergeben. Alles, was Du für Dein Herz, für Deine Mitte, tust, für Deine Seele, bleibt im Wert erhalten. Hingegen alles, was Du nur für Deine Körperlichkeit getan hast, war null & nichtig. Das könnte für manche von Euch ein Problem werden.

Es ist so schrecklich peinlich, erst „drüben“ drauf zu kommen, es wieder nicht kapiert zu haben. Natürlich „wieder“, glaubst Du vielleicht, Du bist zum ersten Mal „drüben“ (aus unserer Sicht), Du Unschuldslamm. Du hast schon jede Menge auf dem Kerbholz, und es wäre langsam an der Zeit, einige Resultate vorzuweisen.

Nur so, in Deinem Interesse, um die Intensität der Lernaufforderung in Grenzen zu halten.

Deshalb unser Bemühen, mit Euch zu einem möglichst frühen Zeitpunkt Kontakt aufzunehmen, um Euch auf das „Drüben“ vorzubereiten.

Um Euch die Augen zu öffnen für das, was Euch erwartet und wofür Ihr reif sein solltet.

Was das ist? Bedingungslose, reine Liebe. Aber auch hier wieder das kosmische Gesetz der Affinität. Ihr könnt in dieses Licht nur eintreten, wenn Ihr dazu reif seid, wenn Ihr annähernd so rein seid, wenn Eure Sehnsucht danach so groß ist, daß es nichts auf Erden gibt, was Euch lieber wäre. Nur dann.

Aber dazu müßt Ihr einmal wissen, daß es das gibt, daß es auch Euer Ziel ist und daß Möglichkeiten auf Erden vorhanden sind, sich bereits dort darauf vorzubereiten.

Da es im Grunde keine Trennung gibt zwischen hier und drüben, von welcher Seite Du das auch betrachten magst, Tod und Geburt nur eine Sache des Standpunktes sind, wie das Hereinkommen oder Hinausgehen durch eine Tür, so ist es auch hier nur eine Frage der Qualität, die über Dein Verbleiben entscheidet. Wer entscheidet? Das ist für Dich (auf Erden) möglicherweise eine Überraschung, für Dich als solches ist es ganz klar, daß Du entscheidest. Du bist sozusagen Dein „gefürchteter Richter“, Du „verurteilst“ Dich zu einem neuen Erdengang mit einem auf Deine Bedürfnisse maßgeschneiderten Lern- und Aufforderungsprogramm. Dein Leben ist maßgeschneidert, und das noch dazu von Dir selbst! Also, das (wie sagt man da) sitzt, zwickt, tut weh, ist ein Hammer?! Aber so ist es. Kosmisches Gesetz, Du weißt schon.

Also, wie geht das vor sich?

Nach dem Loslassen Deines Körpers, das Du mehr oder weniger leicht tust, trittst Du in die Sphäre des Lichts. Dort begegnest Du Deinem „lichten Selbst“ (jeder andere Begriff dieser Art ist uns ebenso willkommen). Mit diesem vergleichst Du Dich, indem Du wie in einen Spiegel blickst. Gleichzeitig erkennst Du Dein Leben. Da hier keine Zeit existiert, können wir schwer von einem Ablauf sprechen; es ist sozusagen ein Ablauf in einem Augenblick des Erkennens.

Was nun passiert, ist das Unangenehmste, was Dir bei uns passieren kann, es ist (normalerweise) die tiefste Beschämung Deines Lebens, Dich auf Erden (in unserem Sinne) so danebenbenommen zu haben. Also, ich garantiere Dir, so geniert hast Du Dich Dein ganzes Leben nicht, denn es kommt noch eines dazu: Es wird Dir ein Blick gewährt in das Licht, in die Liebe (Himmel scheint mir hier gar nicht der richtige Ausdruck zu sein, klingt mir zu irdisch, Ihr seid mir zu oft im 7. Himmel, und das ist meist ein sehr irdischer Zustand), und dann kapierst Du, worum es geht, was es anzustreben gilt und was Du Dir, kurzsichtigerweise, versaut hast.

Es war ein reines Nicht-verstehen-worum-es-geht auf Erden. Und mit dem festen Vorsatz, es diesmal besser zu machen, stürzt Du Dich, saugt es Dich, wieder in die Materie. Und das ist genau der Augenblick, wo die Samenzelle auf das Ei trifft. Hallo Mama, da bin ich. Ja, da bist Du wieder einmal, mein Freund. Aber damit es Dir diesmal nicht wieder so geht, bitten wir Dich, flehen Dich an, erkenne und durchschaue das Spiel auf der Erde.

Das ist der einzige Grund, warum wir diese Anstrengung unternehmen, unsere Frequenz hinunterpolen, bis wir einen Kanal finden, der bereit und fähig ist, diese Informationen in dieser Art aufzunehmen und weiterzugeben, zu Deinem Wohl. Es geht um Dich, mein Freund. Nur um Dich.

DER WERT DER SCHÖNHEIT

Der Wert der Schönheit liegt in ihrer Qualität. Für uns beginnt Schönheit dort, wo Harmonie beginnt, wo Freude beginnt. Qualität sehen wir als eine positive (strahlende) Energie, als eine positive Kraft. Von der Macht negativer Kräfte zu sprechen ist blanker Unsinn, von ihrer Bedürftigkeit zu sprechen ist richtig. Eine negative Kraft, eine Minuskraft ist eine Kraft im Minus, eine Kraft im negativen Bereich. Wenn Du erschöpft bist, so bist Du im Minus, so bist Du im negativen Bereich, weil es Dir an (positiver) Energie mangelt, aber Du bist der gleiche, liebenswerte Mensch wie immer. Somit ist Schönheit ein Zeichen der positiven Kraft, ein Zeichen des Lichts, ein Zeichen des Ursprungs. Es zeigt Dir, woher dasjenige kommt, das Du schön empfindest, und es zeigt Dir auch, woher dasjenige kommt, in dem Du, unerwartet, Schönheit entdeckst. Denk an das Gesicht eines sterbenden Menschen, von Angst und vielleicht auch Schmerzen gezeichnet, auf einmal glätten sich seine Züge, und es wird schön, er ist mit uns in Berührung gekommen.

Denk an die Gesichter der Menschen, die Du kennst. Welche empfindest Du als schön? Wann empfindest Du sie als schön?

Wie Du hier aus der Fragestellung entnehmen kannst, ist Schönheit eine Sache Deiner persönlichen Empfindung,

Deines Gefühls, und somit außerhalb der Norm Deiner Sinnesorgane. Schönheit geht tiefer und will Dir mehr sagen, als es Deinen Sinnesorganen möglich ist, aufzunehmen.

Schönheit ist eine Botschaft, und ich muß Dir hier nicht mehr sagen, woher sie kommt.

Alles, was Du als schön empfindest, will Dir sagen: Ich liebe dich, du wirst geliebt, und ich komme zu dir als ein Zeichen dieser Liebe.

Denke hier an möglichst viele Beispiele, wo Du Schönheit entdecktest, und siehe es, interpretiere es, von diesem Standpunkt aus. Du wirst sehen, es wird Dich sehr glücklich machen, und Du wirst erkennen, wie leer die Dinge sind, die man gemeinhin als schön bezeichnet.

Schönheit ist eine Sache Deiner Reife, der Tiefe Deiner Empfindungsmöglichkeit, und diese wächst mit dem Grad Deines Erkennens.

Ja, so ist es. Je mehr Du erkennst, desto mehr Schönheit kannst Du empfinden. Aus diesem „so ist es" hast Du (z. B.) bereits erkannt, daß es sich um ein kosmisches Gesetz handelt, nämlich um Resonanz, Affinität, Spiegelung. Wir dürfen Dir diese Information an dieser Stelle sozusagen als einen kleinen Blumenstrauß überreichen, der nichts anderes besagen will, als: Du wirst schöner mit jedem Tag.

Dies ist vielleicht für Damen ein willkommener Anlaß, die Kunst des Erkennens und Durchschauens des Spiels des Lebens noch intensiver zu betreiben, bei der Aussicht, dadurch noch schöner und strahlender zu werden.

Aber Spaß beiseite – dafür ist die Sache viel zu ernst (im Sinne von wichtig). Doch jede zu große Nase, jeder zu kleine Mund, jede sonstige Unregelmäßigkeit der Züge verblaßt im Glanz wissender Lebensfreude, im Erkennen des Sinnes.

Und woran mißt Du den Wert eines anderen Menschen? (Ich spreche hier von einem ganz bestimmten Standpunkt aus, um einen bestimmten Sachverhalt zu erläutern). An seiner Unsicherheit, an seinem Zweifel, an seiner Orientierungslosigkeit, oder daran, wie weit dieser Mensch in den Ablauf des Lebens harmonisch integriert ist. Du erwartest von den anderen auch Ruhe, Harmonie und ein Gefestigtsein. Gegenteilige Eigenschaften verunsichern Dich, nobody is perfect on earth,[1]) und Du bist dabei, Deine Schwächen, Schritt für Schritt, in Stärken zu verwandeln. Hier ist positive Hilfe im Sinne von Dich-Bestärken, Dich- Ermutigen, Dir-Beistehen von grundlegender Bedeutung. Informationen über ein noch zu erfüllendes Lernprogramm gibt es ja in Hülle und Fülle bei jeder Gelegenheit. Davon hast Du wahrlich mehr als genug. Als von Dir viel eher als wertvoll empfunden, wird die Hilfe, die sich im Beistehen ausdrückt. Das ist Hilfe zur Schönheit, Hilfe aus dem Zweifel, aus der Verzweiflung herauszukommen in ein Erkennen der Einheit, in ein Erkennen des Sinns und somit der Liebe.

Liegt somit der Wert der Schönheit darin, daß man die Liebe kennenlernt? Wir würden sagen: ja!

Die Schlußfolgerung für Dich besteht somit darin, in Dein Leben möglichst viel Schönheit zu bringen. Wähle bewußt schöne Dinge, um Dich damit zu umgeben. Wir spüren hier Dein „Ich bin nicht würdig“. Oh Freund, sollen wir Dir wirklich noch einmal erklären: Es gibt nichts außer Göttlichkeit (um einen Eurer Begriffe zu gebrauchen), und sie ist Liebe, Licht und Schönheit. Und da es nichts außerhalb

---

[1]) auf Erden ist keiner vollkommen.

von ihr gibt, bist (logischerweise) auch Du Ausdruck dieser Göttlichkeit. Und als Ausdruck einer Göttlichkeit steht Dir wohl zu, ..., also!

Umgib Dich bewußt mit schönen Dingen und gestalte Dinge schön. Das fängt bei Deiner Kleidung an, bei Deiner Ernährung, geht über Dein Zuhause bis zu Deinem Beruf und den Menschen, die Du kennst. Um jedes mögliche Mißverständnis auszuschalten betone ich hier (überflüssigerweise), daß Schönheit für uns den Inhalt, die Qualität, eine seelische Eigenschaft, bedeutet. Bedenke auch hier wieder R.A.SP. (Du weißt, wofür diese Buchstaben stehen).

Es ist auch hier natürlich eine Wechselwirkung, die Außenwelt spiegelt Deine Seele, jedoch ist der Einfluß der Außenwelt auf Deine Seele nicht zu unterschätzen. Vor allem ist dieser Einfluß bei Anflügen von „Seelenschwäche“ von Bedeutung, trägt er Dich über diese Phasen hinweg, oder stürzt er Dich hinein? Auch hier – achte auf Deine Kapazität, respektiere die Grenzen Deiner momentanen Möglichkeiten.

Wenn Du willst, sieh diese Ermahnungen, Deine Grenzen der Leistungsfähigkeit zu beachten, als einen kleinen Egoismus unserer Seite.

Es ist halt soviel mühsamer, Dich vom Boden „aufzuklauben“, wenn Du mal total abgestürzt bist, als Dir hie und da einen kleinen Energieschubs zukommen zu lassen. Nimm bitte Rücksicht auf unsere Möglichkeiten. Danke.

Lach nicht, wir sind nicht allmächtig, wir dürfen hilfreich sein, sind aber sehr von Deiner Bereitschaft abhängig, wieweit Du uns zuläßt. Also, um Dir helfen zu können, brauchen wir Deine Hilfe, sprich: Dein grundsätzliches Einverständnis. Im Falle der Unbewußtheit gibt's halt leider nur die luzifer'schen Methoden. Mit dem Kopf durch die Wand, Du weißt schon. Darf ich hier nochmals darauf hinweisen, daß sie im Grunde genau so liebevoll sind wie unsere zärtlichsten Ermahnungen, nur ist nicht jeder dafür zugänglich? Und da wir um Eure Ent-Wicklung, um Eure Heimkehr ins Licht, sehr besorgt sind ... Gut, Du meinst, Du hast schon verstanden. Es liegt mir halt nur sehr am Herzen, daß Du wirklich verstehst.

Halte Dich der Schönheit für wert. Er hält Dich der Schönheit für wert. Wir halten Dich der Schönheit für wert. Es ist Deine Bestimmung. Werde dieser Bestimmung gerecht, indem Du schon jetzt beginnst, auszuwählen.

Du hast stets die Wahl, einen Gedanken der Schönheit zu wählen, der Deinem wahren Wesen entspricht, oder gegen Deine Natur zu handeln. Warum solltest Du versuchen, gegen Dich zu sein? Weil es in manchen Situationen einfacher scheint? Weil Du zu schwach bist?

Nein, nein, nein, mein Freund, es ist weder einfacher, noch bist Du zu schwach. Du bist nur manchmal etwas bequem, läßt Dich gerne fallen und wartest dann darauf, daß Dich jemand bedauert. Weißt Du eigentlich, was derjenige in Wirklichkeit tut, sollte er Dich aufrichtig bedauern? Er beleidigt Dich. Ja Dich. Er sagt Dir nämlich nichts anderes, als daß er Dich für schwach, lebensuntüchtig und dumm hält. Ja, für dumm, denn er müßte durchschauen und auch Dir zugestehen, zu durchschauen. An Deine Göttlichkeit glaubt er auch nicht. So was gefällt Dir? Shame on you,[1]) und denk daran, wenn Du bei nächster Gelegenheit wieder auf Bedauertwerden aus sein solltest. Außerdem ist dieses Bedauertwerden (im Sinne einer Bestätigung Deines Zu-

[1]) Schäme Dich.

standes) aus der Sicht der R. A. SP. nur die Aufforderung, daß Du Dich raschest aus diesem Zustand entfernen solltest. Höchstens es gefällt Dir, arm (ist gleich häßlich) zu sein. Häßlich steht hier für arm an Energie, im Gegensatz zu schön, im Sinne von in Harmonie, und deshalb eins mit Energie, zu sein.

Also, ich muß schon sagen, bei unserer Methode der Kommunikation mittels Übermittlung von Erkenntnisinhalten (ist sozusagen eine zeitunabhängige Gedankenübertragung), ersparen wir uns, Erläuterungen über Erläuterungen abgeben zu müßen, nur um Mißverständnissen vorzubeugen.

Wenn Du gestattest, wollen wir Dir eine kleine Einführung in diese Methode geben, damit Du sie, soweit unter Deinen Bedingungen möglich, bereits jetzt praktizierst.

GEDANKENÜBERMITTLUNG

Verstehe hier Gedankenübermittlung als Energiequalitätsübermittlung. Was Du grundsätzlich am leichtesten übermitteln kannst, ist eine Energiequalität. Deine Einstellung zu jemandem ist ein gutes Beispiel hier. Es geht dabei um Deine seelische Einstellung, es geht um die Qualität, die Du einer Sache entgegenbringst, oder einer Person natürlich. Es ist sozusagen Deine Schwingung. Ist sie vertrauensvoll, liebevoll, offen, oder zeigst Du Dich mißtrauisch und verschlossen. Hier geht es selbstverständlich nicht um den verbalen Ausdruck, es geht auch nicht um den non-verbalen. Was ich hier meine ist tatsächlich reine Schwingung. Es ist nicht das WAS, sondern das WIE, das zum Ausdruck kommt. Deine Worte kannst Du (möglicherweise) bewußt wählen. In welcher Schwingungsqualität Du sie jedoch zum Ausdruck bringst, ist das Entscheidende.

Deine Mimik, Gestik kannst Du versuchen zu verstellen (anzupassen). Aber hier tust Du Dich noch viel schwerer. Vor allem Deine Augen als Fenster zu Deiner Seele können sich nicht verstellen, und unter Umständen wirkt eine Verbeugung eher als eine beleidigende Konfrontation, denn als ein Zeichen liebevollen Dienens.

Doch all diese Dinge meinen wir nicht primär, denn hier hast Du Dein Gegenüber ja körperlich vor Dir. Worüber wir sprechen wollen, sind die Situationen, in denen Du keine körperliche Kontaktaufnahme hast, Situationen räumlicher Distanz. Es ist für uns immer ein bißchen schwierig, in die Begriffe Deiner Dimension einzudringen. Zu Vorstellungen wie „räumlicher Distanz" haben wir überhaupt keinen Bezug mehr, es ist alles „ein Sein". Versuche, Dich ein wenig in unsere Dimension des Seins einzufühlen. Du tust es Dir dann viel leichter zu verstehen, was wir meinen. Außerdem entspricht es von der Art her Deinem wahren Wesen. Vergiß das nie.

Eigentlich ist damit schon alles gesagt. Wenn Du verstehst, daß es in Wirklichkeit, die auch Deine Wirklichkeit ist, nur „ein Sein" gibt, „ein Sein" ohne die trennenden Begriffe von Zeit und Raum, wenn Du verstehst, daß alles sich durchdringende Schwingungsqualität ist, also Du durchdringst mit Deiner Schwingungsqualität alles, und ebenso durchdringt alles Dich, so ergibt sich die Tatsache (nicht Möglichkeit) der Gedankenübermittlung von selbst.

Natürlich könnten wir Dir hier viel magisch-mystisches Beiwerk auftischen, wie Du es in der Praxis bewerkstelligen sollst, um eine Information zu übermitteln.

Das ist alles nicht falsch und für oberflächlich Denkende sehr beeindruckend und läßt sich daher sicher auch gut verkaufen. Die reine Wirkweise jedoch ist simpel, wurde hier auch in den anderen Kapiteln schon oft erwähnt, und gründet in dem Ausspruch: Wie Du denkst in Deinem Herzen ... Du solltest Dir seine Worte unter dem Gesichtspunkt des hier Beschriebenen nochmals zu Gemüte führen. Ich glaube, Dir wird nun ein Licht nach dem anderen aufgehen. Es wird wie Weihnachten sein ... nein, das ist keiner meiner Scherze. Weihnachten ist doch das Fest „als das Licht in die Dunkelheit kam", hast Du wirklich nur an die Geschenke gedacht?

Aber Du verstehst jetzt schon, daß das größte Geschenk die Liebe ist? Hoffentlich, mein Freund, hoffentlich.

Aber, um es doch ein bißchen feierlich zu gestalten, nimm Dir einmal zehn Minuten Zeit, achte darauf, daß Du nicht gestört wirst, zünde eine Kerze an (wir lieben dieses Licht), spiele leise Musik, setz Dich hin, atme ruhig, entspanne Dich, werde ganz still und offen, laß bei dieser Gelegenheit alle Resonanzen in Dir los, um nun bewußt eine einzige Resonanz wählen zu können. Diese laß Dich ganz erfüllen, und strahle, strahle, strahle. Bei der Auswahl der Resonanz sei Dir bewußt, was Du wählst. Forderst Du darin den anderen auf, etwas zu tun, befindest Du Dich, selbstverständlich, im Mangel. Du erwartest etwas, somit kannst Du nicht in der Fülle, in der Einheit, sein.

Das heißt, Du beschäftigst Dich mit Mangel, mit Erwartung. Erwartung ist hier nicht Glaube, denn das ist eine grundsätzlich andere Schwingung. Erwartung beinhaltet die (hilfreiche) Ent-Täuschung. Glaube kann nie enttäuscht werden.

Wir glauben an Dich, bedingungslos, grenzenlos.

Gut, wir tun uns etwas leichter, weil wir Deine wahre Natur kennen. Aber Du solltest auch lernen, von dieser Voraussetzung auszugehen.

Erinnerst Du Dich an Deine Verpflichtung auf Erden, an Dein Lernprogramm?

Eins zu sein mit der Fülle und aus diesem Bewußtsein heraus dem anderen hilfreich zur Seite zu stehen. Nie würdest Du aus dieser Einstellung heraus etwas verlangen. Du würdest dem anderen geben, geben, geben. Logisch, Du in der Fülle, der andere in der Bedürftigkeit (immer). Also, gehst Du konform mit Deinem Lebensplan, so bist Du stets der Gebende.

Meldet sich hier Dein Baby-Ich? Keine Angst, es kommt nicht zu kurz. R.A.SP. Klar?

Du gibst. Also, was soll sich spiegeln? Was kann sich nur spiegeln? Gut. Allerdings, meine Freunde, beachten Sie den Verzögerungsfaktor in der Materie und beweisen Sie ein klein wenig Ausdauer und Durchstehvermögen. Es dauert noch einige Augenblicke (unsere Sicht), bis sich die Spiegelung materialisiert hat, was Euch das einzig Wichtige zu sein scheint; ist aber, aus unserem großen Verständnis heraus, akzeptiert.

Babies brauchen nun mal ihren Schnuller; ich bitte höflichst um Vergebung, ladies and gentlemen, sollte sich jemand in seiner Ehre gekränkt fühlen.

Aber Ihr findet Babies doch auch süß und habt sie schrecklich lieb, and so do we.[1])

Also, Gedankenübermittlung kann richtigerweise nur Liebe sein. Alles andere ist eine Abweichung, ein Nicht-das-

---

[1]) und uns geht es ebenso.

Richtige-Tun, und würde in kirchlicher Terminologie als Sünde bezeichnet werden. Da aber Sünde einen sehr negativen Beigeschmack hat und immer in Verbindung mit Strafandrohung und Um-Vergebung-Heischen steht, vermeiden wir diesen Ausdruck. Sicher sagt die Kirche auch, daß Gott in seiner grenzenlosen Liebe Dir jede Sünde verzeiht. Gleichzeitig wird gesagt und erkannt, daß sein Auge zu rein sei, das Unrecht zu erkennen, – no klar, weil es in dieser Weise kein Unrecht, keine Sünde, gibt. Grenzenlose Liebe bedarf nicht des Verzeihens, weil sie ebenso grenzenloses Verständnis und auch Vertrauen ist. Denke allein nur an die Vergänglichkeit materieller Erscheinungen, denke an ihr Sich-ununterbrochen-Verändern, setze hier noch einen Zeitraffer-Effekt ein, und beschleunige den – noch etwas mehr, ja, gut so. Also was bleibt da an materiellen Gütern, deretwegen Ihr Euch so grämt? Es ist doch nur ein Aufblitzen einer sich verändernden Projektion, ein Nichts, aus unserer Sicht, und doch so viel und so schwer, aus Eurer Dimension der Zeit gesehen.

Relativiere die Schwere Deiner (oder einer) Problematik mit Hilfe beider Standpunkte. Das ist das Sich-Lösen aus dem Gefangensein in der Materie im materiellen Denken. Die ganze Argumentation hier soll nur dazu dienen, Dir klarzumachen, daß sich nur eines lohnt zu übermitteln: Liebe.

LEBENSGESTALTUNG

Die gleichen Grundlagen und die gleiche Methodik gilt natürlich auch für die Gestaltung Deines Lebens. Da Dein Leben aus der Summe einzelner Situationen, einzelner

Augenblicke besteht, solltest Du beginnen, diese zu gestalten. WIE? Du hast immer geglaubt, das Leben schenkt Dir diese Augenblicke? Nichts wird Dir geschenkt, mein Freund. Nimm endlich Deine alleinige und ausschließliche Verantwortung für die Gestaltung und somit für die Qualität Deines Lebens zur Kenntnis.

Du stelltest Dir Dein Lernprogramm zusammen, und Du entscheidest von Augenblick zu Augenblick, wie es weitergeht. Beginne, den kommenden Augenblick zu gestalten, indem Du tief einatmest und einen innigen Gedanken der Ruhe und Harmonie denkst. Siehst Du, nun hast Du ihn erlebt. Nun wiederhole diesen Vorgang, und Ruhe und Harmonie werden sich, gleich Perlen an einer Schnur, in Deinem Leben aneinanderreihen.

Das kannst Du auch mit weiter vor Dir liegenden Situationen machen, wenn Du Dir nun vorstellst (visualisierst), daß die Qualität der Ruhe und Harmonie dieser Situation ihr Gepräge gibt, sie von diesen Qualitäten erfüllt ist.

Du mußt Dich tief in diese Qualität einfühlen und sämtliche Aktivitäten und Handlungen dieser Situation unter diesem Aspekt sehen (visualisieren).

Dir ist die Technik klar? Natürlich, R.A.SP.

Im Fall, wo Du Dich nicht zu einer bestimmten Qualität bekennst, sozusagen, nur sie allein akzeptierst, Dich voll und ganz auf sie einstellst, bist Du auch dem Einfluß anderer Resonanzen ausgeliefert, und das Ergebnis hängt vom Zufall ab. Du lauerst, ob es doch „Zufall" gibt? Natürlich, es hängt vom Zu-Fall ab, wie Deine Resonanzenmischung heute aussieht.

Je unordentlicher, je bunter gemischt, desto unklarer auch das Ergebnis. Also, sei nicht enttäuscht, oder richtiger formuliert: Bitte, sei Ent-Täuscht, und erkenne, was Du das nächste Mal besser machen könntest. Du, natürlich. We appriciate your growing understanding.[1]) Die Klarheit, die Sicherheit Deines Ergebnisses, hängt somit ausschließlich von der Reinheit und Stärke Deines Glaubens ab. Hier mußt Du lernen, eine Überzeugtheit an den Tag zu legen, die durch nichts zu erschüttern ist. Die Betonung liegt hier auf lernen. Diese Überzeugtheit muß wachsen, und sie kann nur wachsen im Einfluß bestätigender Erlebnisse.

Bestätigende Erlebnisse bekommst Du wieder nur durch Ausdauer des Bemühens und Einhaltens der Richtung. Also, wie Du's auch anfängst, Du kommst nicht darum herum, es zu tun. Im Tun liegt die einzige Möglichkeit, die entsprechenden Erfahrungen zu sammeln. Solange Du nur darüber liest, und es können ungezählte Schriften mit allen nur möglichen ausschmückenden (und daher verwirrenden) Formulierungen sein, bleibt es Dir immer fremd und rätselhaft, wie das funktionieren soll.

Aber, es tut's, wenn Du tust. Wir ersparen uns hier den Hinweis auf ein kosmisches Gesetz. Erfreulicherweise ist es Dir bereits aufgefallen.

Wie Du auch hier siehst, handelt es sich um eine Facette des einen Edelsteines. Viele Wege führen nach Rom, aber alle zur Liebe.

Auch die Wege, die – augenblicklich betrachtet – in die entgegengesetzte Richtung führen, zeigen in absehbarer Zeit eine deutliche Trendänderung. Nichts kann sich auf Dauer und allzuweit vom Licht entfernen. Hierfür sorgt schon der erhabene „Träger des Lichts“, unser Freund, der stets bereit ist, uns Orientierungshilfe zu geben.

---

[1]) Wir schätzen Dein wachsendes Verstehen.

ZUSAMMENFASSUNG DER WICHTIGSTEN AUSSAGEN

1. Der Verantwortliche für Dein Leben bist Du.
2. Du (Dein höheres Ich) legte Deine Lernchancen (Dein „Schicksal") fest. Dein Leben ist sozusagen von Dir für Dich maßgeschneidert.
3. Was Du jedoch aus diesem Deinem Leben machst, wie Du in jeder einzelnen Situation reagierst, bleibt allein Dir überlassen.
4. Somit bist Du in jeder einzelnen Situation für deren Qualität verantwortlich. Beschwerden sind deshalb nur an Dich zu richten, an Dein Noch-nicht-ent-wickelt-Sein, an Deine mangelnde Fähigkeit zu durchschauen.
5. R.A.SP. (Resonanz, Affinität, Spiegelung) zeigen Dir in jeder Phase Deines Lebens, wo Du stehst, und welche Möglichkeiten, etwas zu lernen, Du noch hast.
6. Deine Lernwilligkeit, Deine Bereitschaft zu erkennen und zu akzeptieren, entscheiden über die Intensität der Lernaufforderungen.
7. Hinter jeder Lernaufforderung steht der Aspekt der Liebe, den Weg zurück ins Licht zu finden.
8. Du kannst nur das geben, was Du hast. Daraus erwächst Dir die Verpflichtung, Dich zuallererst zu höchster Qualität zu entwickeln, um stets das Beste geben zu können.
9. Die Welt des Mangels, von der Du in jeder Weise umgeben bist, dient ausschließlich dazu, Dich aufzufordern, aus der Fülle heraus geben zu lernen.

10. Die Verbindung zur Fülle liegt in Deinem Bewußtsein. „So wie Du denkst in Deinem Herzen, ..."

11. Du bist niemals allein. Wir sind in liebevoller Verbundenheit um Dich bemüht und stehen Dir in jeder Situation zur Seite. Allein Deine Offenheit entscheidet, wie wirkungsvoll unsere Hilfe ist.

12. There's only one thing which was, which is and which will ever be: LOVE. [1])

WIE DU UNS ERREICHST

Ganz einfach: Bitte lache nicht, es ist wirklich EIN-fach; setz Dich mit uns ins EIN-vernehmen, komme in unsere EIN-heit, fühl Dein EINS-sein mit uns.

Zweitens: wähle das von Dir gewünschte Programm, wähle die Qualität, die Du deutlich spürbar „geliefert" bekommen willst, bewußt gemacht haben willst.

Drittens: atme diese Qualität ein und stelle sie Dir mit all Deinen Sinnen vor. Sehe sie, fühle sie, empfinde sie mit allem, womit Du empfinden kannst.

BEISTAND

Wenn Du unsere Hilfe in konkreten Dingen in Anspruch nehmen willst, so wende Dich bitte so früh wie möglich an uns. Du weißt ja, Materialisierungen gedanklicher Quali-

---

[1]) Nur eines gibt es, das war, das ist und immer sein wird: die Liebe.

tätsmuster nehmen einfach eine gewisse Zeit in Anspruch. Dann beginne, die von Dir gewünschte Situation, mit unserer Hilfe, entsprechend Deinen Vorstellungen, zu gestalten. Beachte bei diesem Gestaltungsvorgang jedoch die kosmische Gesetzmäßigkeit von R.A.SP., und bedenke rechtzeitig, was denn die Möglichkeit hat, sich zu spiegeln.

Erarbeite also die optimalen Voraussetzungen für Dein Spiegelbild.

(OHNE) SCHLUSSWORT

Wir hoffen, wir konnten Dir in unseren Darlegungen so viel praktische Hinweise geben, daß Du von nun an Dein Leben und seine Situationen mit anderen Augen siehst.

Wir hoffen, daß Du von nun an mehr Freude und Einsichten erleben wirst, daß sich Dir die Schönheit in allen Dingen offenbart und Du mit jedem Tag sicherer in Deinem Bewußtsein wirst, daß das Leben möglicherweise nicht immer ganz so leicht ist, wie Du es gelegentlich gerne hättest, aber daß es Dich in jeder seiner Situationen liebt.

HEINRICH R. HRDLICKA wurde am 12. März 1941 in Wien geboren. Nach dem Studium der Architektur an der Technischen Universität in Wien war sein besonderes Anliegen die Verschmelzung von Architektur, Natur und Kunst.

Später erfolgte aus der Erkenntnis der Begrenztheit des materiellen Strebens die verstärkte Hinwendung zur meditativen Kontemplation, und damit begann der Weg spiritueller Erfahrungen. Das Streben, diese Erfahrungen höherer Energieformen durch Transformation in Material, Farbe und Form spürbar zu machen und den Betrachter an diesen Erfahrungen teilhaben zu lassen, führte ihn über das Ausdrucksmittel der Malerei auf Glas zum körpernah tragbaren Seidentuch.

Ein Hauptanliegen von Heinrich R. Hrdlicka, der als Architekt und Diplom-Ingenieur voll im Berufsleben steht, ist die Integration geistig-religiöser Werte (religio – im Sinne von Rückbindung an den Ursprung) in das alltägliche Leben.

Die Lebensphilosophie der **Ars Vivendi** drückt er auch in seinen „Mental Bildern“ aus. Diese inspirierten Bilder sind in einer speziellen Hinterglasmaltechnik hergestellt und wirken durch ihre Austrahlung.

Als Maler gestaltete Heinrich R. Hrdlicka mit seiner „Tabula smaragdina“ der Welt größtes MENTAL-Hinterglasbild im Ausmaß von ca. 240 qm im Casino Velden, in Kärnten/Österreich. Des weiteren findet man seine Bilder in den Räumen führender Persönlichkeiten wie z. B. auch in der Generaldirektion der Vereinten Nationen in Wien. Seine esoterischen Seidentücher fanden inzwischen weltweit Anklang und Bewunderung.

Seine Arbeit als Autor und Mittler der jenseitigen Welt begann mit dem Werk: ARS VIVENDI – ein Gedankengang in die Kunst des Lebens. Dies ist ein Büchlein, in dem in kürzest möglicher Form Kapitel zu finden sind wie z. B.: Wie löse ich Probleme, – Der andere hat immer recht, – Keine Schuld, – Sinn und Unsinn der Vernunft, – etc.

Dieses Buch kann bezogen werden durch: ARS VIVENDI, A-1130 Wien, Fleschgasse 18/4, Preis ÖS 150,– oder DM 22,–.

Für aufrichtige Suchende hat Heinrich R. Hrdlicka die Erlaubnis der geistigen Welt, als Mittler von Botschaften und spirituellen Energien dienen zu dürfen. Diesbezügliche Anfragen sind ebenfalls an ARS VIVENDI: A-1130 Wien, Fleschgasse 18/4 zu richten.

3 x Elisabeth Kübler-Ross

ISBN 3-923 781-02-4
Broschiert, 89 Seiten,
DM 19,80

Über den Tod und das Leben danach

20. Auflage

Dieses Buch ist nach acht Jahren immer noch einer der esoterischen Bestseller in Deutschland und wurde bereits über 350.000 mal verkauft. Die berümteste Wissenschaftlerin der Welt (18 Ehrendoktor-Titel) hat als erste das Tabu-Thema „Tod" öffentlich aufgegriffen und sich in ihren Forschungen eingehend damit beschäftigt. Das Ergebnis präsentiert sie in diesem Buch und belegt in einer für jeden verständlichen Sprache, daß es ein Leben nach dem Tod gibt.
Eines der wichtigsten Bücher unserer Zeit.

ISBN 3-923 781-66-0
64 Seiten, 28 ganzseit. Farbfotos, 21x21 cm, gebunden, DM 25,00

Jedes Ende ist ein strahlender Beginn

Bildband mit Texten von E. Kübler-Ross und Fotos von Dr. G. Siebel.

Dr. Gottfried Siebel ist katholischer Theologe und hat sich jahrelang der aktiven Sterbebegleitung gewidmet, wobei ihm die Bücher der Ärztin E. Kübler-Ross eine wichtige Stütze waren. Es war seine Idee, Schmetterlinge zu fotografieren und diese den aussagekräftigsten Sätzen von der bekannten Sterbeforscherin gegenüberzustellen, ist doch das Verwandlungsmotiv von der Raupe zum Schmetterling eine Parallele zu unserer eigenen Verwandlung. Ein wunderbares Geschenkbuch, welches zu begeistern weiß.

ISBN 3-923 781-80-6
21x21 cm, gebunden, 64 Seiten mit 16 Farbfotografien, DM 25,00

Sterben lernen - Leben lernen

Fragen und Antworten

Was Sigmund Freud für die Psychologie war, ist sicherlich E. Kübler-Ross für die Sterbeforschung. Ihr ist zu verdanken, daß weltweit die neuen Erkenntnisse über Sterbende und deren richtige Betreuung an allen medizinischen Ausbildungsstätten gelehrt werden.
Dieses Buch gibt wichtige Antworten auf Fragen wie: Auf was muß ich achten, wenn ich mit Sterbenden zusammenkomme? Wie kann ich Angehörigen eines Sterbenden oder eines soeben Verstorbenen beistehen? Wie gehe ich selbst mit dem Verlust eines mir Nahestehenden um?
Unmißverständlich macht die Autorin klar, daß wir die Angst vor dem Sterben und dem Tod erst verlieren müssen, bevor wir wirklich frei sein können zum Leben.

Beate Bock

Un-mögliches möglich machen

Ein praktisches Übungsbuch

Dieses Buch ist für Menschen geschrieben, die ihr Leben in einfacher Weise positiv verändern wollen. Beate Bock stellt Übungen vor, die im alltäglichen Leben mit erstaunlicher Leichtigkeit anzuwenden sind. Jeder kann die für ihn passenden Übungen wählen, um sein Leben einfach und vergnüglich positiv zu verändern.

ISBN 3-923781-67-9
broschiert, 192 Seiten,
DM 24,80

Dick Sutphen

Das Orakel in Dir

Anstatt Tarot-Karten zu mischen und die „richtigen" Karten zu ziehen, nimmt man für einen Augenblick dieses Buch zwischen seine Hände, konzentriert sich auf seine Frage bzw. sein Problem und schlägt dann, von Intuition geleitet, eine Seite auf, auf der die zutreffende Antwort zu lesen ist.
Dick Sutphen ist einer der bekanntesten spirituellen Lehrer u. Autoren der USA, man könnte ihn geradezu den „Dethlefsen Amerikas" nennen.

ISBN 3-923 781-73-3
broschiert, 276 Seiten,
DM 26,80

Steve Richards

Levitation

Was sie ist - Wie sie funktioniert - Wie man sie lernt.

Steve Richards, der sich seit Jahren theorethisch und praktisch mit dem Phänomen Levitation beschäftigt, ziegt, daß das freie Schweben des menschlichen Körpers möglich ist. Er gibt den Leser konkrete Anleitungen, wie er die Schwerkraft in mehreren Schritten allmählich überwinden lernen kann. Dabei folgt er der „geheimen" indischen Methode, mit der schon viele Yogis buchstäblich in die Luft gegangen sind.
Die bisher geheimgehaltene Technik des Levitierens wird in diesem Buch zum ersten mal dem deutschsprachigen Leser vorgestellt.

ISBN 3-923781-75-X
Broschiert, 136 Seiten,
DM 19,80

ISBN 3-923 781-78-4
broschiert, illustriert,
156 Seiten,
DM 24,80

Otto Höpfner

Einhandrute und Pyramidenenergie

-Hilfsmittel für Ihre Gesundheit-

ERWEITERTE NEUAUFLAGE !

Der Autor zeigt an Hand von praktischen Beispielen, wie auch der Laie mit Hilfe der Einhandrute die Körperverträglichkeit von Nahrungsmitteln, Medikamenten oder Schlafplätzen prüfen kann. Weiterhin erläutert er, wie mit speziellen Meßkreisen Radioaktivität, Giftstrahlung oder krankmachende Störzonen gemessen und durch die Pyramidenenergie gemindert bzw. verbessert werden können.

ISBN 3-923 781-65-2
Broschiert, 240 Seiten,
DM 24,80

Franz-Joseph Huainigg

Heiler und Prophet

Das Leben des H. P. Paulussen und seine Vorhersagen durch Nostradamus.

Die Fortsetzung des Buches „Nicht zu fassen - aber wahr" schildert die ungewöhnlichen Heilerfolge des Trance-Mediums und Heilers H.P. Paulussen, der seit 1989 mit dem Seher und Propheten Michel Nostradamus in Verbindung steht. Dieses Buch enthält neue Vorhersagen von Nostradamus, die am 5.12.1991 für die nächsten 9 Jahre durchgegeben worden sind und Deutschland und die ganze Welt betreffen.

Michael Hesemann

Botschaft aus dem Kosmos

Rückkehr der Außerirdischen

Mit einem Vorwort von **Johannes von Buttlar**

ISBN 3-923 781-64-4
geb. 183 Seiten,
DM 39,00
Mit Zahlreichen Fotos

Trotz anderslautender Pressemeldungen: Auch im letzten Jahr erschienen wieder Hunderte geheimnisvoller Kreise und Piktogramme in den britischen und deutschen Kornfeldern, die den Experten aus aller Welt Rätsel aufgaben. Doch weshalb tauchen diese Symbole, die wir aus vorzeitlichen Höhlenforschungen kennen, ausgerechnet im Umfeld prähistorischer Kultstätten wie Stonehenge und Avebury auf? Kündigen sie im neuen Zeitalter die Wiederkehr der „Götter" an? Die jüngsten, spektakulären Entdeckungen amerikanischer und britischer Wissenschaftler sowie persönliche Recherchen in England, Rußland und Deutschland lieferten dem Autor den Schlüssel zur Lösung eines der großen Mysterien unserer Zeit.

ISBN 3-923 781-03-2
Broschiert, 268 Seiten,
DM 29,80

Anthony Borgi

Das Leben in der Unsichtbaren Welt

Wo leben wir nach unserem sogenannten Tode?

Diese wichtige Frage wird in diesem Band beantwortet, die ein Geistwesen in einer sehr exakten Beschreibung der für uns noch unsichtbaren Welt seinem Medium Anthony Borgia diktiert. Diese Darstellungen stimmen im wesentlichen mit den vielen Berichten überein, die wir nicht nur von Durchsagen anderer Jenseitiger kennen, sondern auch von denen, die klinisch 'tot' gewesen sind.

ISBN 3-923 781-68-7
Broschiert, 160 Seiten,
DM 24,80

S. P. Ruhela

Sri Sathya Sai Baba - Leben, Lehre und Werk

Sathya Sai Baba ist eines der größten spirituellen Phänomene der Gegenwart. Was macht die spirituelle Dimension und Attraktion dieses mit Charisma begnadeten Menschen aus? Der Leser erhält eine vollständige Biographie über Sai Babas Leben und Wirken, eine ausführliche Schilderung seiner Lehre und die Essenzen seiner Botschaft. Durch diese zusammengefaßte Fülle an Informationen unterscheidet sich das Buch von anderen Sai-Baba-Büchern.

ISBN 3-923 781-79-2
gebunden, 386 Seiten
DM 19,80

Das Goldene Sai-Baba-Buch

Gedanken für jeden Tag

Die Zahl der Sai-Baba-Anhänger geht in die Millionen, doch die seiner Bewunderer in die Hundertmillionen. Selbst in Deutschland, der Schweiz und in Österreich gibt es viele Sai-Baba-Zentren. Und der Kreis seiner Verehrer wird immer größer. Nach dem Erfolg des ersten Buchesgibt es nun den Sai-Baba-Kalender, der für jeden Tag eines Jahres einen Spruch von Sai-Baba wiedergibt.

„Es gibt nur einen königlichen Weg für dir spirituelle Reise: Liebe"